내가 모른다는 것을 아는 참된 지혜

내가 모른다는 것을 아는 참된 지혜

서정욱 지음

㈜자음과모음

책머리에

대화를 통해 스스로 깨닫도록 돕다

여러분은 이제부터 저와 함께 재미있는 철학 속으로 여행을 떠나게 될 것입니다. 철학이 무엇인지 알고 있나요? 철학은 무척 어렵고 따분할 것 같지만, 알고 보면 친근하고 재미있는 학문이랍니다.

간단히 말하자면 철학은 우리가 어떻게 살아야 하는지, 무엇을 추구하며 살아야 하는지, 행복한 삶이란 무엇인지에 대한 답을 가르쳐 주는 학문입니다.

여러분, 철학에 대한 궁금증이 더욱 커지지 않았나요? 그렇다면 저와 함께 이 책에 담긴 철학 이야기 속으로 여행을 떠나 봅시다.

"너 자신을 알라."라는 명언을 남긴 사람이 누군지 알고 있나요? 그가 바로 고대 그리스의 유명한 철학자 소크라테스입니다.

소크라테스는 기원전 470년경 아테네에서 태어났습니다. 소크라테스는 아주 못생긴 외모를 가지고 있었습니다. 키는 작고, 얼굴에는 털이 덥수룩했으며, 들창코에 짱구머리였습니다. 가난했던 소크라테스는 언제나 다 떨어져 누더기가 된 옷을 입고 다녔고, 속옷은 전혀 입지 않았으며, 맨발에 샌들도 신지 않고 다녔습니다. 그러나 이런 외모와는 다르게 소크라테스는 고운 성품을 가지고 있었습니다.

소크라테스 아버지의 직업은 조각가였습니다. 소크라테스도 젊을 때는 아버지를 따라다니면서 조각가로 일했습니다. 하지만 소크라테스는 남들과 이야기하기를 좋아했고, 항상 친구들과 모여서 철학적인 이야기를 나누었습니다. 그리하여 훗날 소크라테스는 조각가가 아닌, 철학자로 더 잘 알려지게 되었습니다.

소크라테스가 다른 사람들과 이야기 나누기를 좋아하게 된 동기가 있었답니다. 혹시 여러분은 신탁이 무엇인지 알고 있나요? 고대 그리스 사람들은 궁금한 것이 있으면 신을 모시는 장소에 가서 신에게 물었습니다. 그러면 신은 사람을 매개자로 하여 물음에 대한 답을 해 주거나 자신의 뜻을 전달했습니다. 이것을 바로 신탁이라고 합니다. 고대 그리스에서는 이러한 신탁이 여러 곳에서 이루어졌습니다. 그중에서도 가장 유명한 곳은 바로 델피 신전입니다.

한번은 소크라테스의 친구 카이레폰이 엉뚱한 생각을 했습니다. 카이레폰은 델피 신전에 가서 "이 세상에 소크라테스보다 더 지혜로운 사람이 있습니까?" 하고 물었습니다. 그러자 신탁을 받은 자는 "없다."라고 답했습니다. 카이레폰은 소크라테스에게 이 사실을 말해 주었습니다.

하지만 소크라테스는 항상 자신이 아는 것은 아무것도 없다고 생각하고 있었습니다. 신께서 아무것도 아는 것이 없는 자신을 가장 현명한 사람이고 하자, 소크라테스는 아주 놀라워했습니다. 성품이 겸손한 소크라테스는 이 말을 확인하기 위해 자신이 생각하는 현명한 사람들을 찾아다녔습니다. 유명한 정치가, 시인 그리고 예술가 등을 찾아다니면서 많은 이야기를 나누었습니다.

"소크라테스가 세상에서 가장 지혜로운 사람이다."라고 한 신의 말에 담긴 의미는 무엇일까요? 많은 사람을 만나

이야기해 본 소크라테스는 생각했습니다. 소크라테스는 자신이 지혜롭지 않다는 것을 알고 있었지만, 다른 사람들은 자신들이 지혜롭지 않다는 것을 모르고 있었습니다. 소크라테스가 이야기를 나눈 많은 사람들은 지혜로운 척 과시할 뿐이었습니다. 소크라테스는 그런 사람들을 찾아다니면서 그들에게 진정한 지혜가 무엇인지 보여 주기로 결심했습니다. 소크라테스는 진정으로 지혜로운 사람을 찾기 위해 각계각층의 사람들과 이야기를 나누기 시작했습니다.

소크라테스는 그들에게 자신이 가진 지혜를 가르쳐 준 것이 아니었습니다. 그는 단지 사람들이 내면에 갖고 있는 지혜를 스스로 찾을 수 있도록 도와줄 뿐이었습니다. 그래서 스스로 아는 것이 아무것도 없다고 말한 것입니다. 소크라테스는 모든 사람이 갖고 있는 지혜를 끌어내기 위해서는 대화를 해야 한다고 생각했습니다. 이것이 곧 소크라테스의 대화법입니다.

소크라테스는 대화를 통해 사람들이 굳게 믿고 있는 잘못된 생각을 바꿀 수 있다고 보았습니다. 반면 올바른 지식과 정의 그리고 도덕적 의식을 갖고 있는 사람은 어떤 대화로도 그 사람의 의지를 꺾을 수 없다고 보았습니다.

안타깝게도 당시 아테네 사람들은 올바른 신념을 갖고 있지 않았습니다. 그래서 쉽게 자신의 의지를 버리고 나쁜 정치가나 가짜 시인에게 잘 속았습니다. 소크라테스는 이런 아테네 시민들에게 올바른 신념을 심어 주고자 했습니다.

소크라테스의 이러한 행동은 부정한 정치가나 가짜 시인들에게 입바른 소리로 들렸습니다. 그리고 아무런 신념 없이 그저 힘센 사람들만 따라다니며 출세와 부귀를 얻으려고 기회만 엿보던 젊은이들에게는 귀찮은 소리일 수밖에 없었습니다. 그러나 소크라테스는 끝까지 젊은이들을 깨우쳐 주겠다는 생각으로 그들과 대화했습니다.

소크라테스의 대화법은 결코 상대를 가르치겠다는 것이 아니라 오히려 대화를 통해 자신이 먼저 배우겠다는 입장을 취하는 것이었습니다. 소크라테스는 먼저 질문을 하고 상대방의 이야기를 들었습니다. 이야기가 진행되는 동안 혹 상대방이 잘못된 말을 하거나 허점을 보이면, 소크라테스는 상대방을 가르치지 않고 스스로 깨닫도록 도와주었습니다. 이렇게 상대방은 끝없이 이어지는 이야기 도중에 스스로 무엇이 옳고 무엇이 그른지 알게 되었습니다.

많은 젊은이들이 소크라테스를 좋아했지만 지혜롭지 못

한 정치가, 시인, 예술가 들은 소크라테스를 눈엣가시로 여기고 미워했습니다. 결국 그들은 소크라테스가 아테네 시민들을 선동하여 아테네 젊은이들을 타락시킨다는 죄명으로 소크라테스를 고소했습니다. 친구들과 제자들이 소크라테스에게 여러 차례 도망갈 수 있는 기회를 주었지만, 소크라테스는 "악법도 법이다."라는 말을 남긴 채 독약을 마시고 기원전 399년에 세상을 떠났습니다.

   지금부터 펼쳐질 소크라테스의 지혜 이야기, 어때요? 흥미롭겠지요? 자, 그럼 이제부터 저와 함께 소크라테스의 지혜 이야기 속으로 여행을 떠나 볼까요?

차례

책머리에
대화를 통해 스스로 깨닫도록 돕다 4

 바닷속 외딴 섬, 아고라

아고라의 모습 21
아고라를 뒤덮은 거대한 구름 25
여행자 날치, 아고라에 오다 35

철학자의 생각 42
즐거운 독서 퀴즈 46

2 변해 버린 아고라

아고라에 일어난 사고 51
드러나지 않는 모습으로 드러나는 자 59
모르는 것이 아는 것 65

철학자의 생각 72
즐거운 독서 퀴즈 76

3 지혜를 찾아 떠나는 여행

상어 대장 카이레폰, 수수께끼를 풀다 81

여행에서 만난 친구들 85

철학자의 생각 128

즐거운 독서 퀴즈 132

4 가장 지혜로운 자, 아고라에 돌아오다

지름길과 돌아가는 길 137
아고라에서 가장 지혜로운 자, 소크라테스 153
변하지 않는 진리 157

철학자의 생각 160
즐거운 독서 퀴즈 163
네 생각은 어때? 문제 풀이 165

플라톤

아고라에 사는 작은 소라게로 어느 날 갑자기 하늘을 가득 메운 채 날아가는 전설의 고래들을 보고 신기해한다. 또 고래들이 로고스를 찾아다닌다는 말을 듣고 로고스가 무엇인지 궁금해한다. 그러던 어느 날, 다른 소라게들에게서 못생긴 달팽이 아저씨 이야기를 듣고 호기심에 그를 찾아간다. 그곳에서 달팽이 아저씨 소크라테스와 대화를 나누게 되고 예쁜 물고기 다이몬도 만나게 된다. 소크라테스의 제안으로 함께 여행을 떠나는데 여행길에서 친구들을 만나 다양한 생각을 배우고 깨치게 된다.

소크라테스

아고라에서 제일 못생긴 아저씨로 소문난 달팽이. 땅에 물음표를 그려 놓고 매일 낮잠만 잔다. 그런 그에게 어느 날 작은 소라게 플라톤이 찾아와 로고스에 대해 묻는다. 하지만 그는 대답하지 않고 플라톤에게 밥을 먹이고 머리를 쓰다듬어 재운다. 그리고 잠에서 깬 플라톤에게 오랜 친구 다이몬을 소개하고 로고스에 대해서도 설명해 준다. 그런데 갑자기 상어 대장 카이레폰이 찾아와 아고라에서 가장 지혜로운 자가 바로 소크라테스라고 이야기한다. 지혜가 뭔지 궁금하진 그는 다이몬과 플라톤과 함께 여행을 떠난다. 그는 과연 여행길에서 지혜가 무엇인지 알게 될까?

다이몬

반투명한 몸을 가진 예쁜 물고기로 소크라테스의 오랜 친구이기도 하다. 태어날 때부터 앞을 보지 못했지만 반투명한 몸 때문에 욕심을 가진 나쁜 물고기들은 그를 볼 수 없다. 어느 날 갑자기 소크라테스가 지혜를 찾아 여행을 떠나게 되면서 플라톤과 함께 합류하게 된다. 그리고 여행길에서 그들에게 크고 작은 도움을 주며 존재감을 발휘한다. 위험에 빠진 소크라테스와 플라톤을 돕고, 답을 찾는 그들에게 생각을 물꼬를 터 주며, 길 안내를 맡기도 한다.

프로타고라스

바닷속 세상을 다니며 많은 경험을 한 여행객 날치. 아고라에 들른 그는 말미잘 숲에서 어린 물고기들에게 하늘 밖의 하늘과 바닷속 여기저기를 다니며 경험한 것을 이야기해 준다. 또 소라게들에게는 세상은 중심은 바로 너희들 자신이라고 말한다. 어느새 그는 아고라의 모든 식구들에게 중요한 존재이자 선생님이 되고, 그에게 영향을 받은 어린 물고기들은 또 다른 하늘을 날아 보기 위해 집을 나가는데……. 과연 그의 말은 다 옳은 것일까?

대화법으로 젊은이들의 생각을 일깨우다
소크라테스

고대 그리스의 철학자로 아테네에서 많은 제자들을 가르쳤으며, 또 다른 철학자 플라톤의 스승이기도 하다. 평생 자신의 마음의 소리, 즉 다이몬의 소리에 귀 기울였고 그에 따라 양심을 지키며 살았다.

소크라테스는 조각가인 아버지와 산파인 어머니의 영향으로 대화법으로 사람들의 생각을 일깨웠다. 질문하고 대답하는 대화를 통해 사람들의 생각을 발전시키고 지혜를 이끌어 내고자 한 것이다. 또 참된 지혜란 내가 모른다는 것을 아는 것이라고 생각했다. 때문에 제자들에게 "너 자신을 알라."라고 강조하며 제자들 스스로 아는 것이 없다는 사실을 인정하고 진리를 찾아 나가기를 바랐다.

소크라테스는 아테네 젊은이들의 생각을 일깨우기 위해 열정을 다했지만, 이에 불만을 품은 사람들이 그를 모함했다. 결국 그는 다이몬이라는 신을 믿는다는 것과 젊은이들을 타락시켰다는 죄목으로 사형 선고를 받았다. 그의 친구들과 제자들이 그를 구하기 위해 노력했지만, 그는 '악법도 법'이라며 죽음을 받아들였다. 죽음을 사람의 영혼이 이 세상에서 다른 곳으로 옮겨 가는 것으로 보았기 때문이다. 그의 말대로라면 어딘가에서 그의 영혼이 살아 이 세상을, 우리를 지켜보고 있지 않을까?

1
바닷속 외딴 섬, 아고라

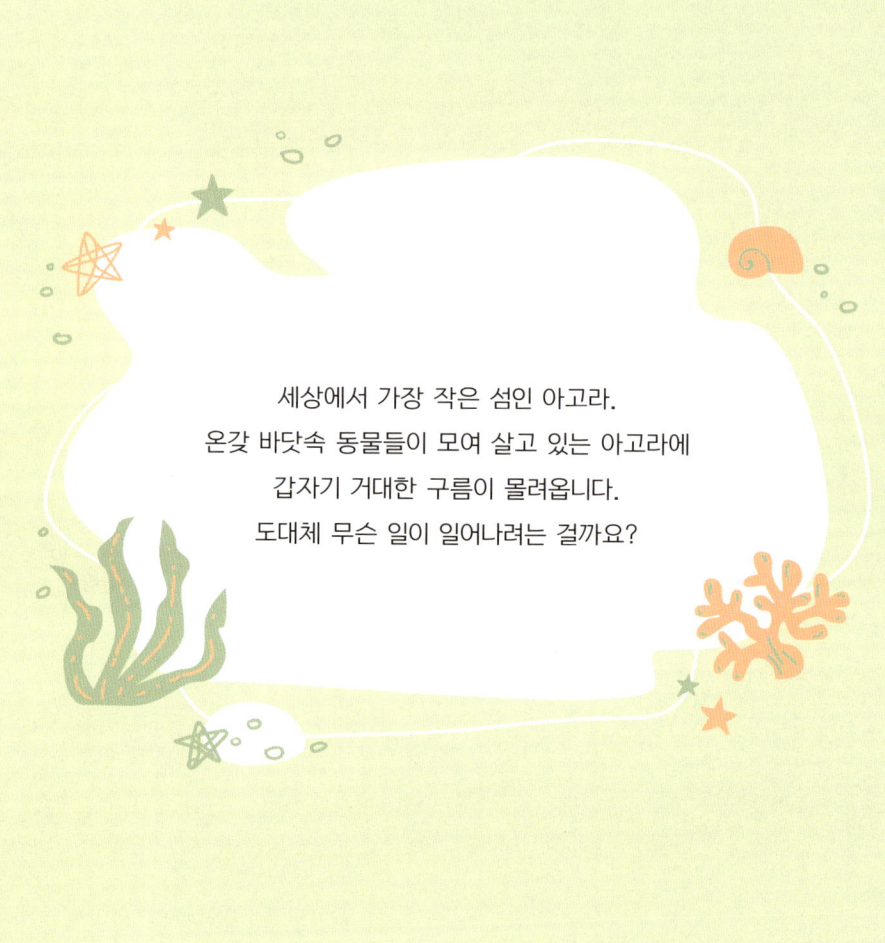

세상에서 가장 작은 섬인 아고라.
온갖 바닷속 동물들이 모여 살고 있는 아고라에
갑자기 거대한 구름이 몰려옵니다.
도대체 무슨 일이 일어나려는 걸까요?

아고라의 모습

　아고라는 나무 한 그루조차 없는 작은 섬입니다. 바다를 항해하다가도 그냥 지나쳐 버리기 쉽지요. 왜냐하면 정말로 주먹만 한 크기의 섬이니까요. 세상의 섬 중에서 가장 작답니다. 많은 배들이 아고라를 지나가지만 지금껏 어떤 배도 아고라에 멈춰서 쉬어 간 적이 없을 정도입니다. 그러나 바닷속 동물들에게 아고라는 굉장히 유명한 곳입니다. 물 위로 드러나 있는 부분은 나무 한 그루 없이 허전하지만 물속에 잠겨 있는 부분은 아주 아름답고 풍요롭기 때문이지요.
　아고라의 물속에는 온갖 바다 동물들이 모여서 살고 있답니다. 그들에게 바다는 곧 하늘이 됩니다. 바다 동물들 중에는 바닷속 하늘을 날아다니는 물고기도 있고, 바닥에서 살아가는 소라게, 달팽이, 조개도 있지요. 또 육지에서 식물이 푸르게 자라듯이 바닷속 땅에도 말미잘과 산호초들이 모여 울긋불긋 아름다운 숲을 이루고 있답니다. 미역과 다시마가 이루는 숲은 어린 물고기들이 길을 잃어버릴 정도로 무성하답니다.

고개를 들어 바닷속 하늘을 볼까요. 그곳에는 뭉실뭉실한 해파리들이 뭉게구름처럼 지나다닙니다. 가끔은 쿠릉쿠릉 소리를 내며 먹구름이 지나가기도 합니다. 사실 이 무서운 먹구름은 고등어 떼랍니다. 그들이 한번 지나가면 바닷속은 시끌시끌해집니다. 바닥에선 뿌연 먼지가 일어 한 치 앞도 보이지 않게 됩니다. 이때 소라게들은 집 속에 들어앉아 꼼짝 않고 있지요.

한편 아름다운 구름도 있답니다. 반짝반짝 빛나며 재잘재잘 노래하는 귀여운 멸치 떼가 만든 구름입니다. 이들이 지날 때면 바다 구석구석까지 환한 빛으로 가득해진답니다. 햇빛이 멸치들의 은빛 비늘에 반사되기 때문이지요. 그들의 지느러미가 물살을 가르는 소리는 바람에 나뭇잎 부딪히는 소리처럼 정겹습니다.

이렇게 아름다운 아고라에는 또 한 가지 아름다운 전통이 있답니다. 아고라에 무슨 문제가 생겼을 때 바닷속 식구들이 모두 모여서 서로의 의견을 모아 일을 해결하는 것입니다. 덩치가 큰 상어와 쪼그만 소라게들이 함께 머리를 맞대고 이야기하는 모습은 아고라에서만 볼 수 있는 독특한 풍경이랍니다.

계절이 바뀔 때마다 넓은 바다를 가로지르며 여행하는 철새 도요새는 아고라에 대해 이렇게 말했답니다.

"오랫동안 날다 지쳐서 이젠 끝인가 보다, 라고 생각할 때 아고라가 나타나죠. 여기서 쉬다 보면 신비롭게도 다시 날 수 있는 힘이 생겨요. 아고라는 끝이자 시작인 곳이죠."

아고라를 뒤덮은 거대한 구름

　이제부터는 여러분도 바닷속 생활에 적응해야 합니다. 바닷속 동물처럼 생각해야 하니까요. 지금부터 바닷속의 가장 밑바닥은 땅이라고 부르고, 땅에서 바라본 바다의 위쪽은 하늘이라고 부르겠습니다.
　새들이 하늘을 날 듯 물고기들도 바닷속 하늘을 날아다니고, 사람이 땅에서 살 듯 소라게들도 바닷속 땅에서 살며 하늘 위로 날아다니는 물고기들을 바라본답니다.
　아고라의 땅에는 많은 선들이 그어져 있습니다. 끝없이 그어져 있는 선을 따라가다 보면 그 끝에서 소라게를 만날 수 있답니다. 소라게가 걸어간 발자국이 기다란 선처럼 그

려진 것이지요. 고등어 태풍만 만나지 않는다면 소라게가 태어나서 지금까지 걸어온 길을 한눈에 볼 수도 있답니다.

그런데 그중에 유난히 짧은 선이 하나 있습니다. 이리 갔다 저리 갔다 구불구불 삐쭉빼쭉 그려진 다른 선들과 달리, 달랑 동그라미 하나만 그려진 선입니다. 다른 선들은 시작과 끝이 있는데 이 동그란 선은 어디가 시작이고 어디가 끝인지 알 수 없습니다. 동그란 선 위에는 작은 소라게 하나가 앉아 있었습니다. 그런데 갑자기 무슨 일이라도 생겼는지 다른 선들이 부산하게 움직이기 시작했습니다. 소라게 마을에 무슨 일이 생긴 모양이었습니다. 옹알옹알하는 소리가 제법 시끄러웠습니다.

"도대체 무슨 일이야?"

"나도 몰라."

"무슨 일인지 누구 아는 소라게 없어요?"

서로 물어보는 걸 보니, 소라게들도 무슨 일이 생겼는지 잘 모르는 모양이었습니다. 땅에서만 소란스러운 것이 아니라 하늘을 나는 물고기들도 정신없이 분주하게 움직였습니다. 물고기들도 서로에게 무슨 일이 생겼는지 물어보느라 정신이 없었습니다.

"바다가 온통 이상해. 무슨 일이 생긴 거야? 누가 알면 얘기 좀 해 줘."

"우리도 몰라. 어! 저기 먼 하늘 좀 봐. 완전히 시커먼걸!"

"잠깐, 이상한 소리가 들리지 않아?"

정말 저기 먼 하늘에서 시커먼 구름 같은 게 다가오고 있었습니다. 하늘을 다 덮을 정도로 구름은 매우 커다랗습니다. 소라게들과 물고기들은 모두 미역 숲 속에 몸을 감췄습니다. 힘 좋기로 소문난 곰치도 굴속에서 눈만 빠끔히 내밀고 있었습니다. 그들뿐 아니라 아고라의 모든 식구들이 몸을 숨기고 숨소리도 가만가만히 내며 저 먼 하늘에 눈을 맞추고 있었습니다. 아고라의 대장 격인 상어가 예민한 청각을 곤두세우고 한참을 귀 기울이다 말했습니다.

"들린다, 들려! 그들이 온다. 그들이 오는 소리야."

그러자 나이가 가장 많은 거북 할멈이 고개를 끄덕입니다. 상어와 거북 할멈이 눈빛을 주고받더니 상어가 급히 소리쳤습니다.

"모두들, 꼭꼭 숨어서 귀를 막도록 해. 그들이 점점 가까이 오고 있어. 모두들 귀를 막고 꼼짝 말고 있어!"

아고라의 식구들은 모두 상어가 시키는 대로 했습니다.

잠시 후 아고라의 높은 하늘로 검은 구름이 가까이 다가왔습니다. 바다가 완전히 컴컴해졌습니다. 뿐만 아니었습니다. 모두들 귀를 꼭꼭 막고 있었지만 머리가 터질 듯한 소리에 온몸을 뒤틀며 고통스러워했습니다. 동그라미 위의 한 점에 앉아 있던 작은 소라게도 귀를 막았습니다.

작은 소라게는 눈을 들어 높은 하늘을 지나는 구름을 보았습니다. 그러고는 크게 놀랐습니다. 아고라만큼 큰, 아니 어쩌면 아고라보다도 더 큰 몸집의 고래들이 하늘을 가득 메운 채 날아가고 있었습니다. 저녁 햇살이 너울너울 빛나는 하늘을 배경으로 산만큼 큰 고래들이 날아가는 모습은 작은 소라게뿐만 아니라 모든 아고라의 식구들에게 처음 보는 기적 같은 일이었습니다.

한참이 지나자 하늘이 다시 밝아지며 고통스럽던 소리도 사라졌습니다. 꿈을 꾼 것처럼 몽롱한 눈빛으로 아고라의 식구들은 거북 할멈과 상어 대장을 바라보았습니다.

상어 대장은 말했습니다.

"음, 저들은 전설의 고래들이야. 언제나 저렇게 높은 하늘만을 날아다니지. 아주 오래전에도 이곳을 지나간 적이 있다고 거북 할멈에게 들었어."

굴속에 바싹 엎드려서 눈만 내놓고 있던 곰치가 물었습니다.

"상어 대장, 저 고래들은 어디로 가는 거야?"

거북 할멈을 바라보고 나서 상어 대장이 한참을 생각하다가 대답했습니다.

"거북 할멈한테 들은 기억이 있기는 한데, 음…… 뭐라더라? 로……고……스? 그래! 로고스를 찾아서 저렇게 다닌다고 했어. 그런데 로고스가 뭔지 그걸 모르겠어."

상어 대장은 고개를 갸웃거리며 거북 할멈 피테이아를 바라보았습니다. 그러나 거북 할멈 피테이아도 잘 모르겠다는 듯 고개만 갸웃거렸습니다.

아고라에서 가장 오래 산 거북 할멈도 모르는 게 있다는 말에 아고라의 식구들은 놀라고 말았습니다. 거북 할멈이 모른다면 아무도 알지 못한다는 것과 같기 때문입니다. 거북 할멈에게 다가가 무언가를 들은 상어 대장이 계속 얘기를 이어 갔습니다.

"할멈한테 들었던 말이 어렴풋이 기억나는구먼. 로고스가 무언지는 모르지만 저 큰 고래의 이름은 기억이 날 듯해. 맞아, 맨 앞에 가던 큰 고래의 이름은 탈레스야. 그 뒤에 따라가던 고래들은 아마 탈레스의 제자들일 거야."

아고라의 식구들은 모두들 로고스가 뭔지 궁금해졌습니다. 매사에 퉁명스럽기만 한 곰치도 궁금했던 모양인지 조심스럽게 입을 열었습니다.

"상어 대장, 고래들이 뭘 찾는다는 거지? 나는 하루 종일 먹을 것을 찾는데……. 로고스는 고래들의 먹이인가?"

소라게들도 궁금해하며 서로 옹알옹알 떠들었습니다.

"우리는 재미있게 노는 게 좋아. 우린 장난감을 찾아다녀. 그리고 좀 더 자라면 새로운 소라 껍데기를 찾아다니지. 그렇다면 고래들이 찾는 로고스도 장난감인가?"

한참 동안 웅성웅성하는 소리가 가라앉지 않았습니다. 이윽고 상어 대장이 나섰습니다.

"저 고래들은 우리와 다른 세상을 살아. '철학'이라는 세상이지. 모두들 정신 차려. 우리가 사는 세상과 저들이 사는 세상은 달라. 그건 우리가 고래가 될 수 없는 것과 같아. 그러니 이제 모두들 자기 자리로 돌아가자고."

아고라의 식구들은 고개를 갸우뚱거리면서 어쩔 수 없이 자기 자리로 돌아갔습니다. 큰 고래 탈레스와 그의 제자들이 먼 하늘로 사라진 뒤에도 한참 동안 아고라의 식구들은 만나기만 하면 로고스에 대해서 이야기했습니다.

"도대체 로고스란 무엇일까?"

"그 고래들은 왜 로고스라는 것을 찾기 위해 온 세상을 여행하는 것일까?"

아고라의 식구들은 고래들이 무언가 찾기는 찾아야 하는데 그게 무엇인지는 자신들도 모르고, 그 모르는 것이 바로 로고스일 것이라고 나름대로 결론을 내렸습니다. 제법 진지하게 고민하는 시간을 가진 셈입니다. 그러나 시간이 점점 지나면서 아고라의 식구들은 전설의 큰 고래 탈레스를 본 충격도 로고스에 대한 궁금증도 서서히 잊어버렸습니다.

예전처럼 소라게들은 흙을 뭉치며 장난치고, 어린 물고기들은 미역 숲에서 숨바꼭질을 하고, 말미잘들은 한껏 촉수를 아름답게 꾸미느라 분주했습니다. 어느덧 아고라의 식구들은 탈레스와 로고스를 까맣게 잊었습니다.

오직 작은 소라게만이 자신이 그려 놓은 동그라미 위에서 고개를 갸우뚱거리며 로고스를 생각했습니다. 작은 소라게에게 궁금한 것이 하나 더 늘어난 셈입니다.

여행자 날치, 아고라에 오다

아고라에는 많은 동물들이 살고 있습니다. 그러나 이들은 한 번도 아고라를 떠나 본 적이 없습니다. 아고라에서 태어나 평생을 이곳에서 살다 보니 가끔 들러 바깥소식을 전해 주는 여행자들이 오는 날은 시장이 열린 것처럼 왁자지껄해진답니다. 여행자들도 아고라에 들르는 일이 즐거운 모양입니다. 아고라의 식구들 모두가 귀를 쫑긋 세운 채 자신의 이야기를 듣기 때문입니다.

어린 물고기들이 말미잘 숲에 모여서 누군가의 이야기를 듣고 있군요. 다들 눈이 휘둥그레진 걸 보니 무척이나 흥미로운 여행객이 들렀나 봅니다.

"아저씨, 그래서 그다음엔 어떻게 되었어요?"

"아저씨, 빨리 이야기해 주세요."

어린 물고기들에게 둘러싸여 있는 여행객은 날치였습니다. 꽤나 중요한 대목이었는지 어린 물고기들은 날치의 이야기에 푹 빠져 있었습니다.

"음, 그래서 어찌 되었냐면 말이야, 나는 더 높이 날고 싶은 마음을 참을 수 없어서 계속 날아올랐단다. 드디어 햇빛이 부서지는 하늘 높은 곳까지 이르렀지. 하늘의 끝이 바로 내 코앞에 있었단다."

어린 물고기들은 날개를 가지고는 있었지만 고작 땅 근처에서만 날아다녔기 때문에 저 높은 곳 하늘 끝까지 가 본 날치의 이야기에 입을 다물지 못하고 있었습니다.

"우아! 그다음엔 어떻게 되었는지 빨리 이야기해 주세요."

"좋아. 그다음엔 어떻게 되었을지 궁금하지? 다른 친구들은 두려워서 다시 돌아 내려갔단다. 그러나 난 끝까지 가 보기로 결심했다. 아주 짧은 시간 동안에 내린 결론이지. 햇빛이 반짝이는 하늘의 끝을 향해서 힘껏 날갯짓을 했지."

"와!"

어린 물고기들의 함성이 가라앉기를 기다리던 날치는 계

속 이야기했습니다.

"나는 펑 소리를 내며 하늘의 끝을 통과했단다. 그런데 그곳에 무엇이 있었는지 아니?"

아고라가 세상의 전부인 줄만 알았던 어린 물고기들은 하늘의 끝에 무엇이 있는지 상상도 못 했었기에 전부 꿀 먹은 벙어리가 되어 버렸습니다.

"그곳에는 말이야. 또 다른 세상이 있었단다. 여기 하늘과는 전혀 다른 하늘이 있었지."

어린 물고기들과 말미잘들은 다른 세상이 존재한다는 말에 더욱 놀랐습니다. 날치는 하늘 밖의 하늘 말고도 바닷속 세상 여기저기에서 경험한 것을 이야기했습니다. 소문은 금방 퍼져서 아고라는 이내 새로운 이야기로 술렁거렸습니다. 그동안 많은 여행객들이 신비로운 이야기를 해 주었고 아고라는 그때마다 술렁거렸지만 날치의 이야기로 인한 술렁거림은 조금 달랐습니다. 바다 밖에 있다는 또 다른 세상을 날아 보는 것이 어린 물고기들의 새로운 꿈이 되었습니다.

날치의 이야기를 듣고 싶어 하는 것은 소라게들도 마찬가지였습니다.

"아저씨, 재미있는 이야기 좀 들려주세요."

"좋아, 이번엔 세상의 중심에 대해서 이야기해 볼까? 너희들은 세상의 중심이 무엇이라고 생각하니?"

날치의 질문에 소라게들은 저마다 자신이 생각하는 답을 이야기했습니다.

"세상의 중심은요, 음…… 아고라예요."

"세상의 중심은 아주 먼 곳에 있는 북극이에요."

"전 고래가 이 세상의 중심이라고 생각해요."

소라게들의 다양한 대답이 나왔습니다. 날치는 고개를 저었습니다. 소라게들은 더욱 궁금해졌습니다. 날치에게서 정답을 듣기 위해 소라게들은 귀를 쫑긋 기울였습니다.

"세상의 중심은 바로 너희들 자신이란다."

소라게들은 놀랐습니다. 세상의 중심이 무엇인지 생각해 본 일도 없었지만 자신이 그렇게 중요한 존재라고는 상상조차 못 해 봤기 때문입니다. 눈만 동그랗게 뜨고 있는 소라게들에게 날치가 자신 있게 말했습니다.

"자, 생각해 보렴. 너희들이 태어나지 않았다면 바다라는 세상을 볼 수 있었을까? 아마 볼 수 없었겠지. 너희들이 태어났기 때문에 세상도 의미가 있게 된 거야. 그러니 세상의 중심인 너희들이 하고 싶은 대로 자유롭게 살아 보렴. 저쪽 바다에는 너희들처럼 소라 껍데기를 뒤집어쓰지 않고 당당하게 살고 있는 게가 있단다. 힘이 좋고 집게발도 튼튼해서 다른 동물들이 다들 무서워하지.”

날치의 말을 들은 소라게들은 자신감이 생겼습니다. 자신들의 집게발에 은근히 힘이 생긴 것 같기도 하고 소라 껍데기가 답답하다는 생각도 들었습니다.

이제 날치는 아고라에서 없어서는 안 될 존재가 되었습니다. 아고라의 모든 식구들은 어느새 그를 선생님이라고 불렀습니다. 날치 선생의 이름은 프로타고라스입니다.

어린 물고기들과 소라게들은 프로타고라스 선생으로부터 많은 것을 배웠답니다. 멋지게 말하는 법도 배우고, 헤아릴 수 없이 많은 지식도 배웠습니다.

그동안 아고라에서 보고 들을 수 없었던 새로운 이야기에 모두들 빠졌습니다.

프로타고라스 선생이 여행하면서 경험한 것은 끝도 없이 많았습니다. 다른 세상의 이야기에 빠져 버린 물고기들과 소라게들은 더 이상 거북 할멈 피테이아를 만나러 델피 언덕에 가거나 상어 대장을 찾아가지 않았습니다. 모든 궁금증은 프로타고라스 선생이 해결해 줄 것이라 믿었습니다.

철학자의 생각

대화의 광장, 아고라

그 자체로 하나의 국가인 도시 국가

이야기 속에 등장하는 아고라를 작은 섬이라고 표현해서 어리둥절했지요? 여러분이 알고 있는 아고라는 결코 섬이 아닌데 말입니다.

먼 옛날, 고대 그리스는 도시 국가였습니다. 도시 국가란 도시 그 자체가 국가처럼 독립되어 있다는 뜻입니다. 고대 그리스는 하나의 도시 공동체마다 정치, 경제, 문화, 교육 등이 독립되어 국가를 이루고 있었습니다. 이렇게 각각의 도시가 곧 국가와 같은 기능을 하고 있는 것을 도시 국가라고 합니다.

아크로폴리스란 폴리스의 윗부분이란 뜻입니다. 폴리스는 도시 국가라는 의미이지요. 따라서 아크로폴리스란 한마디로 도시 국가의 꼭대기라는 뜻입니다. 고대 그리스 사람들은 도시 국가를 주로 언덕이나 시가지가 내려다보이는 곳에 건설했습니다.

도시 국가에는 반드시 필요한 네 가지 요소가 있습니다.

첫 번째로는 언덕 위에 신전이 있어야 합니다. 언덕 위나 시가지가 내려다보이는 곳에 도시를 지켜 주는 신을 섬기는 신전을 건설했습니다. 그래서 아크로폴리스는 도시 국가의 언덕 위에 신전들이 모여 있는 장소를 뜻하게 되었습니다.

아크로폴리스는 신전의 역할도 하지만 전쟁과 같은 긴급한 상황이 생기면 피난처나 요새로 사용되기도 했습니다. 아테네의 아크로폴리스는 가늘고 긴 언덕 위에 자리하고 있었습니다. 그중에서 파르테논 신전은 아크로폴리스에 세워진 건축물 중에서 가장 크고 훌륭한 신전입니다.

파르테논이란 처녀의 신전이란 뜻입니다. 여기서 처녀란 곧 지혜의 여신 아테나를 의미합니다. 마라톤 전쟁으로도 잘 알려진 페르시아 전쟁에서 승리한 아테네 사람들이 아테네의 수호신 아테나를 위해서 만든 신전이 바로 파르테논입니다.

신전은 당시 그리스 사람들이 섬기던 신을 위해 제사를 지내는 장소였지요. 도시 국가마다 아크로폴리스에 모시는 신이 모두 달랐습니다. 아테네에는 파르테논 신전이 있지만, 델피에는 아폴론 신전이 있었답니다.

　도시 국가를 위해서 두 번째로 필요한 것은 야외 음악 강당입니다. 그리스 사람들은 신전 아래의 언덕 중간쯤에 야외 음악 강당을 지었지요. 야외 음악 강당에서는 옛날 위인들이나 신을 찬양하는 노래를 만들어 불렀습니다.

　세 번째로 필요한 것은 원형 경기장입니다. 고대 그리스에서 올림픽이 시작되었다는 것은 여러분들도 잘 알고 있을 것입니다. 고대 그리스 사람들은 운동 경기를 좋아했습니다. 그래서 모든 사람들이 모여 즐길 수 있는 경기장은 도시 국가에 필수적인 요소였습니다.

　마지막으로 도시 국가에 꼭 필요한 것은 아고라입니다. 아고라는 언덕의 맨 아래에 있는 넓은 장소에 위치하고 있었습니다. 그곳에서는 많은 사람들이 모여 물건을 사고팔면서 자신의 생각을 주장하기도 했습니다. 특히 소크라테스는 아고라에서 아테네의 젊은이들과 많은 이야기를 나누었습니다.

소피스트 프로타고라스

　프로타고라스는 소피스트의 대표적인 철학자입니다. 소피스트란 '덕의 선생님'이란 뜻이지요. 여기서 '덕'이란 오늘날의 일반 교육을 가리킵니다. 소피스트들은 문법학, 논리학, 수사학(변론술), 윤리학, 정치학 등 모든 학문을 가르쳤습니다. 그중 프로타고라스는 아테네의 청년들로부터 가장 존경받는 철학자였다고 합니다.

　프로타고라스는 "인간은 만물의 척도이다."라고 주장했습니다. 동화 속에서 날치 선생 프로타고라스가 한 말을 기억하나요? "세상의 중심은 바로 너희들 자신이다."라는 말은 "인간은 만물의 척도이다."라는 말과 같은 뜻입니다. 이것을 어려운 표현으로 진리의 상대주의라고 합니다.

　그렇다면 과연 소크라테스는 프로타고라스의 말에 동의했을까요? 소크라테스는 진리를 상대적인 것이 아닌 절대적인 것이라고 주장했습니다. 프로타고라스와 대립적인 견해를 가졌던 것이지요. 소크라테스는 절대적인 지식 즉, 절대적인 진리를 찾았답니다.

즐거운 독서 퀴즈

1 다음은 본문에 나온 이야기예요. 각 문장을 순서대로 나열하여 이야기를 완성해 보세요.

❶ 상어 대장은 전설의 고래들이 로고스를 찾아다니는 거라고 말했어요. 하지만 로고스가 뭔지는 모르겠다면서요.

❷ 세상에서 가장 작은 섬 아고라에는 온갖 바다 동물들이 모여서 살고 있어요.

❸ 어린 물고기와 소라게들은 날치에게서 많은 것을 배웠어요. 다른 세상 이야기에 푹 빠져 버렸죠.

❹ 어느 날 여행객 날치가 와서 어린 물고기들에게 하늘 밖의 하늘과 바닷속 세상 여기저기에서 경험한 것을 이야기해 주었어요.

❺ 아고라의 높은 하늘로 검은 구름이 다가왔는데, 그것은 몸집이 큰 고래들이 하늘을 가득 메운 채 날아가는 모습이었어요.

❻ 또 소라게들에게는 세상의 중심이 바로 너희들 자신이라고 말했어요.

❼ 아고라의 식구들은 로고스가 무엇인지 궁금했어요. 하지만 모두들 금세 잊었고 작은 소라게만이 로고스를 생각했어요.

❽ 아고라의 땅에는 많은 선들이 그어져 있고, 선을 따라가다 보면 그 끝에서 소라게를 만날 수 있어요.

정답 ❷❹❸❶❻❼❺❽

2 다음에서 도시 국가에 반드시 필요한 네 가지 요소를 모두 골라 동그라미 해보세요.

언덕 위 신전	언덕 아래 성당	숲 속 도서관
실내 미술관	야외 음악 강당	원형 경기장
대형 축구장	시장	아고라

정답

언덕 위 신전, 야외 음악 강당, 원형 경기장, 시장, 아고라

나는 단 한 가지 사실만은 분명히 알고 있는데,
그것은 내가 아무것도 알지 못한다는 것이다.
— 소크라테스

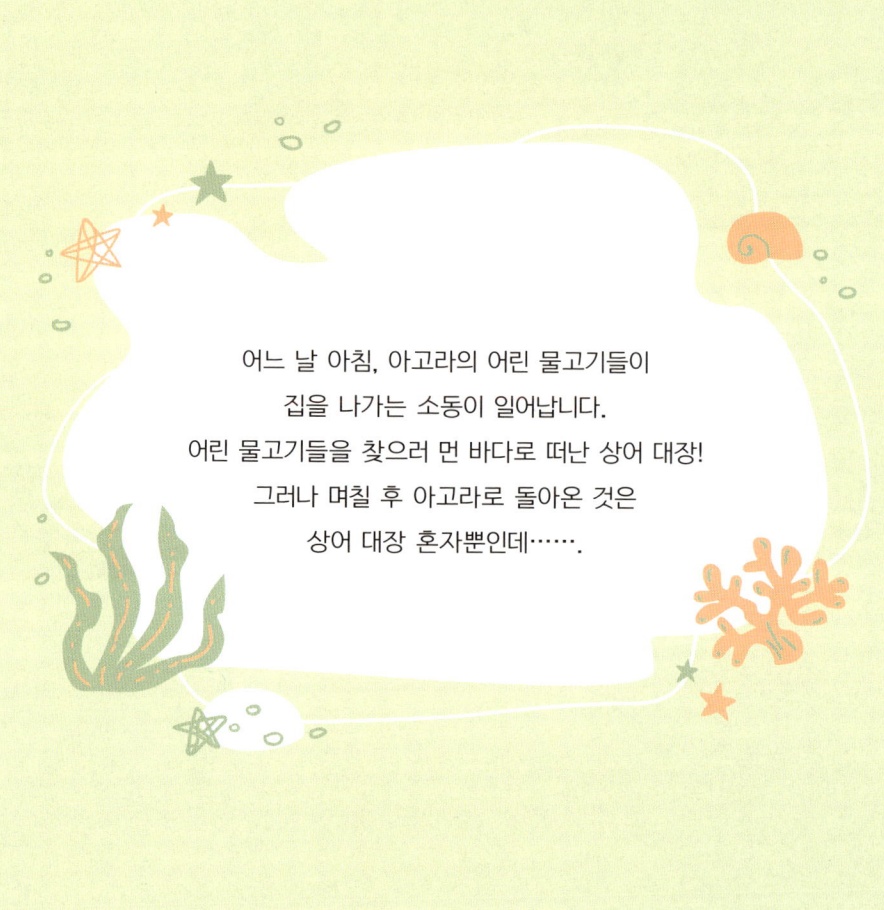

어느 날 아침, 아고라의 어린 물고기들이
집을 나가는 소동이 일어납니다.
어린 물고기들을 찾으러 먼 바다로 떠난 상어 대장!
그러나 며칠 후 아고라로 돌아온 것은
상어 대장 혼자뿐인데…….

아고라에 일어난 사고

어느 날, 이른 아침부터 아고라에 소동이 벌어졌습니다. 달빛도 녹아들지 않는 어두운 밤에 어린 물고기 몇몇이 집을 나간 것이었습니다.

어린 물고기의 부모들은 델피 언덕을 찾아갔습니다. 거북 할멈 피테이아는 아고라에서 불쑥 튀어나온 바위 아래에 사는데, 그 바위 언덕을 아고라에서는 델피 언덕이라고 부릅니다. 프로타고라스 선생이 나타난 이후로 물고기들은 정말 오랜만에 거북 할멈을 찾은 것입니다.

"할멈, 우리 아이들이 어디로 간 걸까요?"

"자네들은 이미 알고 있지 않나?"

거북 할멈 피테이아의 대답에 어린 물고기의 부모들은 얼굴빛이 검게 변했습니다. 만일 아이들이 아고라를 떠나 어딘가로 갔다면 그건 분명 물 밖에 있다는 또 다른 세상일 것이라고 생각했기 때문입니다. 날치 선생 프로타고라스가 온 이후에 어린 물고기들의 꿈은 또 다른 하늘을 날아 보는 것이 되었습니다.

어린 물고기의 부모들이 델피 언덕에서 내려온 이후 아고라는 더욱 불안한 분위기에 휩싸였습니다. 어린 물고기들을 찾으러 나선 상어 대장이 돌아오기만을 기다렸습니다.

며칠 후 상어 대장은 혼자서 돌아왔습니다. 아고라의 모든 식구들이 구름처럼 모여들었습니다. 상어 대장은 그의 입에 물고 있던 것을 내려놓았습니다. 커다란 갈매기 한 마리였습니다. 갈매기는 배가 불룩하게 불러 있었습니다. 어린 물고기들의 부모들은 그것을 보고 바닥에 풀썩 쓰러졌습니다. 상어 대장도 기운 없는 목소리로 말했습니다.

"어린 물고기들이 바다 밖으로 날아올랐던 모양이야. 신이 나서 갈매기가 다가오는 것도 몰랐겠지. 설령 알았다 해도 갈매기가 어떤 녀석인지는 몰랐을 테니……."

상어 대장은 끝내 말을 다하지 못했습니다.

그러나 문제는 여기서 끝나지 않았습니다.

아고라의 소라게들 사이에서 싸움이 잦아졌습니다. 친구의 멋진 소라 껍데기를 빼앗아 입는 일이 흔하게 벌어지고, 아예 소라 껍데기를 벗어 버리고 알몸으로 다니는 소라게들도 나타났습니다. 더 큰 문제는 아무도 자신이 잘못하고 있다고 생각하지 않는 것이었습니다. 주위에서 다른 아고라의 식구들이 아무리 말려도 소라게들은 들으려 하지 않았습니다. 모두들 자신이 세상의 중심이고 자신이 가장 소중한 존재라고 생각했기 때문입니다. 모두 자기가 하고 싶은 대로만 하려고 했습니다.

평화로웠던 아고라는 어수선하게 변하고 말았습니다. 문제를 해결하기 위해서 다 같이 여러 번 모였지만 남의 얘기를 차분히 듣는 전통은 더 이상 기대할 수 없게 되었습니다. 모두들 남의 생각을 듣기보다는 자신의 생각만을 말하려 했습니다. 많이 알게 될수록 많이 말하고 싶어지는 모양입니다. 프로타고라스 선생에게 많은 지식을 배운 친구들은 더욱 그랬습니다. 그들은 아고라의 식구들 앞에서 말은 그럴 듯하게 했지만 좀처럼 문제는 해결되지 않았습니다.

전에는 서로가 조금씩 양보하여 가능하면 손해를 보는

이가 적은 방향으로 토론했지만 지금은 달랐습니다. 말을 잘하는 이는 남을 설득시키려고만 했고, 결국 그의 뜻대로 문제가 해결된 다음에는 오히려 손해를 보는 친구들이 더욱 많아지게 되었습니다.

상어 대장은 거북 할멈 피테이아를 찾아가 고민을 이야기했습니다.

"거북 할멈, 아고라가 몹시 혼란스럽게 되었어요. 이젠 모두들 내 말을 들으려 하지 않아요."

피테이아는 늘 그랬듯이 묵묵히 상어 대장의 이야기를 들어 주었습니다.

"모두들 자기가 알고 있는 것을 과시하고 싶은 모양이에요. 말을 가장 잘하는 친구가 인기가 제일 많아요. 그런데 내가 보기엔 그들이 정말 무언가를 알고 있는 건지 의심스러워요. 말은 그럴듯한데 마음에 와 닿지 않고, 뭔가……."

상어 대장은 꼭 짚어서 뭐라 말해야 할지 잘 떠오르지 않았습니다. 그의 말을 들은 거북 할멈 피테이아는 고개를 끄덕였습니다.

"답답해하지 말게. 자네가 무슨 말을 하고 싶어 하는지 알 것 같구먼. 꼭 말로 해야 아는가. 서로 마음이 통하면 그

만이지."

 상어 대장의 얼굴에 미소가 가득 차오르는 것을 보며 거북 할멈 피테이아는 이야기를 계속했습니다.

 "상어 대장, 내 말 잘 듣게. 아고라는 이제 옛날과 다른 섬이 되어 버렸다네. 뭐가 잘못되어서 이렇게 된 것이 아니라 변화의 시간이 찾아온 거야. 예전에는 서로가 마음으로 통했다면 이제부터는 말을 통해서만 서로가 통하게 될 거야. 아고라의 식구들은 눈에 보이고 손으로 만져지는 것만을 더욱더 믿게 되겠지. 지혜와 지식이 필요한 때가 왔어. 이제 우리가 무언가를 찾아야 할 때가 온 것 같네."

 상어 대장은 거북 할멈의 이야기를 모두 알아듣지는 못했지만 무언가를 찾아야 한다는 말에 마음을 다잡았습니다. 혼란스럽게 변해 버린 아고라를 살릴 수만 있다면 그 해답을 찾아서 온 바다를 다 헤맬 수도 있을 것 같았습니다. 상어 대장은 문득 큰 고래 탈레스가 생각났습니다.

 '맞아. 탈레스는 로고스를 찾아다닌다고 했어. 로고스가 뭔지는 아직 모르지만 왜 그것을 간절히 찾아다니는지 그 마음은 알 것 같아.'

 거북 할멈 피테이아도 그 마음을 읽었는지 고개를 끄덕

였습니다. 그리고 수수께끼 하나를 상어 대장에게 냈습니다.

"가장 지혜로운 자를 찾아야 하네. 아는 것은 모르는 것이고 모르는 것은 아는 것이니, 모르는 자를 찾도록 하게나. 지금 세상에서 지혜가 감춰졌듯이 드러나지 않는 모습으로 드러날 걸세."

상어 대장 카이레폰은 피테이아의 이야기를 다 이해하지 못했지만 무언가 찾을 것이 생겼다는 생각에 왠지 마음이 뿌듯해졌습니다. 무언가를 찾는다면 그때는 피테이아의 이야기도 다 이해하게 될 것이라고 생각했습니다.

아고라가 평온할 때는 이렇게 간절하게 찾고 싶은 것이 없었습니다. 먹이를 찾거나 가끔 친구들을 찾아가는 것이 전부였습니다. 그러나 아고라가 혼란스러워진 지금은 꼭 찾고 싶은 것이 생겼습니다. 마음 저 깊은 곳에서 즐거움이 샘솟았습니다.

상어 대장 카이레폰은 델피 언덕에서 돌아올 때 하늘의 가장 높은 길을 택해 날아왔습니다. '모르는 자'를 찾기 위해 높은 곳을 천천히 날며 아고라의 이곳저곳을 살펴보았습니다.

마침 땅에서 하늘을 바라보고 있는 친구가 하나 보였습

니다. 작은 소라게였습니다. 동그라미를 그리던 작은 소라게는 문득 하늘을 날아가는 상어 대장 카이레폰의 모습이 큰 고래 탈레스와 너무도 닮았다고 생각했습니다.

드러나지 않는 모습으로 드러나는 자

아고라의 한쪽에서 늘 동그라미를 그리던 작은 소라게는 어느 날 다른 소라게들이 하는 이야기에 귀가 솔깃했습니다.

"너희들 혹시 못생긴 달팽이 아저씨 얘기 들어 봤니?"

"아니."

"그 달팽이 아저씨는 땅에다 물음표를 그려 놓고 매일 낮잠만 잔대."

"아, 이제 알겠다. 아고라에서 제일 못생긴 아저씨 말이지?"

"맞아. 울퉁불퉁한 얼굴에 키도 되게 작잖아."

"그런데 물음표가 뭐야?"

"물음표는 모른다는 것을 나타내는 부호래. 달팽이 아저씨는 모르는 게 많은가 봐."

작은 소라게는 달팽이 아저씨가 왠지 보고 싶어졌습니다. 작은 소라게도 궁금한 게 너무 많았기 때문입니다.

처음으로 아고라의 땅에 그려진 동그라미가 열렸습니다. 작은 소라게는 달팽이 아저씨가 있다는 말미잘 숲을 찾아갔습니다. 의외로 말미잘 숲은 멀지 않았습니다. 그리고 달팽이 아저씨를 찾는 일도 어렵지 않았습니다. 그곳에는 정말로 커다란 물음표가 그려져 있었습니다. 그 옆에는 울퉁불퉁한 얼굴의 달팽이가 낮잠을 자고 있었습니다.

작은 소라게는 슬그머니 다가가서 달팽이의 얼굴을 이리저리 살펴보았습니다. 못생긴 걸 보니 이 아저씨가 친구들이 말한 달팽이 아저씨라는 것을 확신할 수 있었습니다. 정말 이상하게 생겨서 작은 소라게는 하마터면 웃음보가 터질 뻔했습니다.

달팽이 아저씨는 슬며시 눈을 떠 작은 소라게에게 말했습니다.

"어이! 꼬마 소라게, 안녕."

작은 소라게는 깜짝 놀랐습니다.

"내 이름은 소크라테스야. 너는 이름이 뭐니?"

작은 소라게는 놀라서 한참을 머뭇거리다가 겨우 대답했습니다.

"플라톤……이라고 해요. 아저씨는 낮잠을 자는 줄 알았는데 내가 온 걸 어떻게 알았죠?"

"꼭 눈으로만 보는 건 아니란다. 눈을 감으면 때로는 더 많은 게 보이기도 하지. 아무튼 반갑다, 플라톤."

달팽이 아저씨는 얼굴은 못생겼지만 성격까지 나쁜 것 같지는 않았습니다.

"아저씨, 뭐 좀 물어봐도 돼요?"

"그래, 이야기해 봐라."

"로고스가 뭐예요?"

"밥……."

플라톤은 잠시 어이가 없었습니다. 소라 껍데기 속에 들어앉아 밥도 안 먹고 잠도 못 자면서 며칠을 고민했던 로고스가 밥이라니, 조금 실망스럽기도 했습니다. 그러나 소크라테스의 말이 다 끝난 것이 아니었습니다.

"……은 먹었니?"

그 말이 끝나자마자 플라톤의 배에서 꼬르륵 소리가 났습니다. 배고픈 것도 잊고 있었던 모양입니다.

"아직 안 먹었어요."

"그럼 밥부터 먹자."

플라톤은 밥을 먹는 것보다는 로고스가 무엇인지 빨리 알고 싶은 마음에 다시 물어보려 했습니다.

"로고……."

소크라테스는 막 말을 시작하려는 플라톤의 입에 맛있는 진흙 한 덩어리를 푹 넣어 버렸습니다.

"우물우물……."

플라톤이 뭐라고 말하려 입을 움직일수록 맛있는 진흙이 녹아들어서 그만 참지 못하고 우적우적 먹고 말았습니다. 소크라테스가 준 진흙이 너무 맛있어서 플라톤은 로고스에 대해 까맣게 잊고 몇 덩어리를 더 먹었습니다.

배가 부른 플라톤은 다시 질문을 하려 입을 열었습니다.

"로고……."

플라톤이 말을 꺼내려는 순간, 소크라테스는 거칠게 생긴 손으로 플라톤의 머리를 쓰다듬었습니다. 그동안 잠도 제대로 못 자고 오랜만에 밥을 먹어서인지 플라톤은 쏟아지는 졸음을 참지 못하고 스르르 눈을 감았습니다. 거칠어 보이는 소크라테스의 손이 의외로 너무 부드럽고 따뜻하다는 생각을 하면서 플라톤은 그만 잠이 들고 말았습니다. 소크라테스는 잠든 플라톤의 얼굴을 쓰다듬으며 허공에 대고 말했습니다.

"다이몬, 어떤가? 아주 귀여운 친구지?"

그러자 어디선가 대답이 들려왔습니다.

"응."

한편 아고라에서는 한바탕 소동이 벌어지고 있었습니다. 소라 껍데기를 벗어 버리고 마음껏 돌아다니던 소라게들이 이웃 동네의 큰 물고기들에게 잡혀가고 말았던 것입니다.

아마도 플라톤만 혼자 소란스러운 아고라에서 편안하게 잠자고 있었을 것입니다.

모르는 것이 아는 것

 꿀맛 같은 잠에 빠졌던 플라톤은 어디선가 들려오는 도란거리는 소리에 잠에서 깨었습니다. 옆을 보니 소크라테스와 예쁜 물고기가 이야기를 나누고 있었습니다. 플라톤은 다시 한번 눈을 크게 떴습니다. 그런데 소크라테스와 이야기를 주고받던 예쁜 물고기가 갑자기 보이지 않았습니다. 마치 소크라테스 혼자서 허공을 향해 말하는 듯했습니다. 플라톤은 잠에서 덜 깬 상태라 이 상황이 더욱 혼란스러웠습니다.

 이때 공중에서 아름다운 목소리가 들렸습니다.

 "플라톤, 만나서 반가워. 난 다이몬이야."

"……."

플라톤은 예쁜 물고기를 다시 한번 보고 싶은 마음에 눈에 힘을 주어 보았습니다. 그러나 여전히 보이지 않았습니다.

어리둥절해하는 플라톤에게 소크라테스가 친절하게 설명해 주었습니다.

"다이몬은 내 오랜 친구야. 지금 자네 곁에 있다네."

플라톤은 다이몬을 찾으려고 눈을 동그랗게 뜨고 목소리가 나는 곳을 살펴보았습니다.

"이봐, 플라톤. 억지로 보려고 하면 더 안 보인다네. 보려고 하지도 말고, 보지 않으려고 하지도 말게."

플라톤은 언뜻 이해가 되지 않았습니다.

'보면 보는 거고 안 보면 안 보는 거지, 이도 저도 아닌 것이 어디 있담?'

플라톤이 혼잣말로 중얼거리며 불평하는 순간 다이몬을 보려던 생각을 잠시 잊게 되었습니다. 그러자 플라톤의 눈에 다이몬의 모습이 보였습니다.

"와! 참 예쁜 물고기네요. 그런데 왜 눈을 감고 있어요?"

소크라테스는 플라톤의 머리를 쓰다듬어 주었습니다.

"드디어 보았구나. 다이몬은 보통 물고기가 아니란다. 태

어날 때부터 앞을 못 본단다. 그러나 대신 반투명한 몸이 있어 욕심을 가진 나쁜 물고기들은 다이몬을 볼 수 없지. 플라톤, 너도 아까 다이몬을 보려고 욕심을 냈지?"

"네……."

플라톤이 기어들어 가는 목소리로 대답했습니다.

"그런데 플라톤, 아까 잠들기 전에 나한테 뭘 물어보려고 하지 않았니?"

플라톤은 아직도 잠이 덜 깬 듯 몽롱해서 무엇을 물어보았었는지 기억나지 않았습니다.

"글쎄요. 뭐더라……."

소크라테스는 웃으면서 말했습니다.

"허허! 바로 그거야."

"뭐가요?"

소크라테스는 울퉁불퉁한 얼굴에 미워할 수 없는 미소를 머금기만 한 채 아무 말도 하지 않았습니다. 플라톤은 화가 났습니다. 아까까지만 해도 알고 있던 것이 생각나지 않아서 답답한데, 소크라테스는 가르쳐 주기는커녕 놀리고만 있으니 화가 날 만도 했지요. 한동안 얼굴이 붉으락푸르락하던 플라톤이 집게발을 탁 치며 말했습니다.

"아, 생각났다. 로고스!"

"딩동댕!"

소크라테스와 다이몬은 슬며시 미소 지었습니다. 다이몬은 부드러운 목소리로 플라톤에게 말했습니다.

"플라톤, 이제 알겠니?"

"네? 뭘요?"

"로고스 말이야."

"아니요! 내가 몰라서 물어본 거잖아요."

플라톤은 모르는 게 자랑거리나 된다는 듯이 당당하게 말했습니다. 딱 부러지게 모른다고 말하는 플라톤에게 다이몬이 친절하게 말했습니다.

"플라톤, 네가 처음 이곳에 왔을 때 몸이 어땠니?"

"음, 밥도 못 먹고 잠도 못 자고 생각을 너무 많이 해서 몸이 굉장히 무거웠어요."

"그러면 플라톤, 지금은 어떠니?"

"음, 지금은…… 아무렇지도 않아요. 와! 생각해 보니 정말 그러네."

다이몬이 살포시 웃으며 말했습니다.

"몸에 병이 들면 우리는 그제야 건강을 생각한단다. 몸이 아주 건강할 땐 미처 신경 쓰지 못하다가 몸 어디가 아프게 된 다음에야 비로소 건강의 중요성을 알게 되지. 아픈 것은 드러나지만 건강한 것은 드러나지 않으니까."

플라톤은 고개를 끄덕이면서도 그게 로고스와 무슨 관계가 있는지 궁금했습니다.

"로고스도 그렇단다. 로고스라는 것은 우리가 살고 있는 바다를 포함해서 우리가 살고 있지 않는 곳까지 넓게 펼쳐진 우주가 변화하는 원리란다."

플라톤은 숨이 턱 막혔습니다. 날치 선생이 보았다는 바다 밖 세상보다 더 넓은 세상인 우주가 있다는 사실에 그만 머리가 어지러워졌습니다.

"플라톤, 네가 배고프고 피곤했을 때 머릿속으로 온통 로고스를 생각했지만 로고스는 나타나지 않았지 않니. 그러다 소크라테스를 만나 밥도 먹고 잠도 자고 나서는 로고스라는 이름도 잊어버렸지. 그때 바로 너는 진정한 로고스를 만난 것이란다. 로고스란 모르는 것이 곧 아는 것이지."

플라톤은 무언가 알 수 있을 것 같기도 했지만 또 한편으로는 아무것도 모르는 것처럼 멍하게 되고는 했습니다. 그래도 소크라테스 아저씨와 다이몬이라는 좋은 친구들을 만나게 되어서 기분은 무척 좋았습니다.

  아고라는 점점 혼란스러워졌지만 플라톤은 오히려 그 속에서 즐거움이 무엇인지 알게 되었습니다. 그건 바로 좋은 친구와의 만남과 그들과 나누는 의미 있는 이야기였습니다.

네 생각은 어때?

바닷속 외딴 섬 아고라에는 오랫동안 온 세상을 여행하며 '로고스'를 찾아다니는 큰 고래들이 있어요. 작은 소라게 플라톤은 달팽이 소크라테스와 반투명한 물고기 다이몬을 찾아가서 로고스에 대해 듣게 되지요. 소크라테스와 다이몬의 이야기를 통해 로고스가 무엇인지 생각해 보세요.

▶풀이는 165쪽에

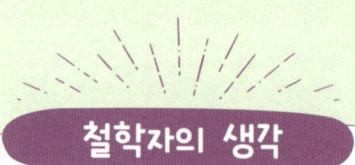

대화를 통해
생각과 지혜를 끌어내다

소크라테스의 대화법

소크라테스가 이야기한 진리 탐구 방법을 대화법이라고 합니다. 혹은 다른 말로 산파술, 조각술이라고도 합니다. 소크라테스의 아버지는 조각가였습니다. 그의 어머니는 산모가 아기 낳는 것을 도와주는 산파였습니다. 조각술과 산파술은 소크라테스 부모의 직업에서 따온 말입니다. 조각가란 재료를 새기거나 깎아서 입체 형상의 작품을 만드는 사람입니다. 군더더기를 쪼아 내고 꼭 필요한 부분만 남기는 방법이 조각술입니다. 산파는 아기를 낳을 때 필요한 사람입니다. 아기 낳는 것을 도와주는 산파처럼 사람의 참다운 지식을 끄집어내도록 도와주는 방법이 산파술입니다.

조각가가 조각을 하거나 산파가 아기를 낳도록 도와주려면 도구가 필요합니다. 소크라테스 역시 제자들과 대화를 하려면 도구가 필요했습니다. 이때 소크라테스가 사용한 도구는 질문과 대답을 가능하게 하는 말이었습니다.

대화법이란 말을 통해서 상대방의 잘못을 지적하는 방법을 말합니다. 상대방에게 질문을 던져 스스로 무지(無知)를 깨닫게 함으로써 사물에 대한 올바른 지식에 도달하게 하는 방법입니다. 대답하는 사람은 깊이 생각하고 질문에 대한 대답을 해야 합니다.

소크라테스는 "나는 아무것도 모른다는 것을 알고 있다."라고 말했습니다. 그리고 제자들에게는 "너 자신을 알라."라고 늘 강조했습니다. 소크라테스는 지식이 많다고 교만을 떠는 제자들에게 스스로가 아는 것이 없다는 사실을 인정하라고 말했습니다.

소크라테스는 신탁을 통해 들은 것처럼 자신이 가장 현명한 사람이라고 생각하지 않았습니다. 자신이 어떤 진리를 갖고 있는 사람도 아니라고 생각했습니다. 소크라테스는 단지 제자들이 갖고 있는 진리를 스스로 찾도록 도와주는 사람일 뿐이라고 생각했습니다. 그래서 그는 스스로를 조각가이자 산파라고 믿었습니다.

소크라테스는 아버지가 돌을 조각하여 여러 가지 물건을 만드는 것을 보고 아버지가 조각을 통해 돌 속에 숨어 있는 작품을 끄집어낸다고 생각했습니다. 그래서 소크라테스는 자신도 대화를 통해서 사람의 내면에 숨어 있는 생각을 끄집어내야겠다고 생각했습니다. 사람의 마음속에 있는 생각을 자유롭게 끌어내기 위해서는 무엇을 해야 할까요?

　소크라테스는 대화를 해야 한다고 생각했습니다. 즉, 소크라테스는 질문하고 대답하는 대화의 형식을 통해서만이 사람들의 생각을 발전시키고 자유롭게 할 수 있다고 믿었던 것이지요. 그래서 그는 아고라로 나가 아무나 붙잡고 생각을 끄집어내려고 노력했습니다. 이렇게 대화를 통해 모든 사람이 갖고 있는 생각을 자유롭게 쏟아 놓게 하고 지혜를 끌어내는 것을 우리는 소크라테스의 대화법이라고 한답니다.

여러 뜻을 품은 로고스

　동화 속 작은 소라게 플라톤은 드디어 동그란 선에서 나와 달팽이 소크라테스를 만나러 갑니다. 물음표를 그려 놓고 매일 낮잠만 잔다는 달팽이 소크라테스에게 플라톤은 로고스가 무엇인지 묻습니다. 과연 로고스란 무엇일까요?

　소크라테스가 대답한 것처럼 로고스는 우주가 변화하는 원리입니다. 소크라테스와 플라톤이 살았던 고대 그리스의 철학과 신학에서 사용된 용어지요. 본래는 고대 그리스어로 '말하다'를 뜻하는 동사 'legein'의 명사 꼴로, 로고스는 '말한 것'을 뜻합니다. 여기서 '말한 것'은 먼저 말, 글, 이야기, 연설입니다. 연설은 특히 고대 그리스인들이 중요하게 생각한 것이었지요. 그래서 말하기를 가르치는 수사학이 소피스트들의 주요 과목이었습니다.

그리고 로고스는 사물의 설명, 이유, 근거를 뜻합니다.

또한 로고스는 사물의 본질입니다. 즉, 사물의 본디 성질과 모양을 규정하는 것입니다. 그래서 헤라클레이토스는 만물은 하나의 로고스에 의해 지배되고, 이 로고스를 인식하는 것 안에 지혜가 있다고 했습니다.

끝으로 로고스는 사물을 파악하는 인간의 이성을 뜻합니다. "인간은 이성적 동물이다."라는 말을 알고 있죠? 이것은 "인간은 로고스를 가진 동물이다."와 같은 말입니다. 인간은 말을 함으로써 '로고스를 가진 동물, 이성적 동물'이 됩니다.

이상은 고대 그리스 철학 속에서 로고스를 파악한 것입니다.

신학에서는 로고스를 하나님의 말씀이라고 합니다. 요한복음 1장 1절의 "태초에 말씀이 계시니라."에서 '말씀'이 바로 로고스입니다.

즐거운 독서 퀴즈

1 다음은 소크라테스의 대화법에 대한 설명이에요. 맞으면 ○, 틀리면 × 표시를 해 보세요.

❶ 소크라테스가 제자들이 정답을 알고 있는지 시험하기 위해 사용한 방법이다. ( )

❷ 소크라테스가 이야기한 진리 탐구 방법이다. ( )

❸ 다른 말로 산파술, 조각술이라고도 한다. ( )

❹ 대화법, 조각술, 산파술은 모두 다른 말이다. ( )

❺ 조각가가 작품을 만들 듯 군더더기를 쪼아 내고 꼭 필요한 부분만 남기는 방법이 조각술이다. ( )

❻ 아기 낳는 것을 도와주는 산파처럼 정답을 생각해 내도록 돕는 방법이 산파술이다. ( )

❼ 상대방에게 질문을 던져 스스로 유식(有識)하다는 것을 깨닫게 함으로써 사물에 대한 속성에 도달하게 하는 방법이다. ( )

❽ 대화를 통해 모든 사람이 갖고 있는 생각을 자유롭게 쏟아 놓게 하고 지혜를 끌어내는 것을 말한다. ( )

정답

❶ × ❷ ○ ❸ ○
❹ × ❺ ○ ❻ ×
❼ × ❽ ○

2 다음 글에서 설명하는 고대 그리스 철학 용어는 무엇일까요?

( )

- 우주가 변화하는 원리.
- 소크라테스와 플라톤이 살았던 고대 그리스의 철학과 신학에서 사용되었다.
- 본래는 고대 그리스어로 '말하다'를 뜻하는 동사 'legein' 의 명사 꼴로, '말한 것'을 뜻한다. 여기서 '말한 것'은 말, 글, 이야기, 연설이다.
- 사물의 설명, 이유, 근거를 뜻한다.
- 사물의 본질, 즉 사물의 본디 성질과 모양을 규정하는 것이다. 그래서 헤라클레이토스는 만물은 하나의 이것에 의해 지배되고, 이것을 인식하는 것 안에 지혜가 있다고 했다.
- 사물을 파악하는 인간의 이성을 뜻한다.

❶ 파토스　　❷ 로고스　　❸ 에토스　　❹ 에고스

정답

무지를 아는 것이 곧 앎의 시작이다.
— 소크라테스

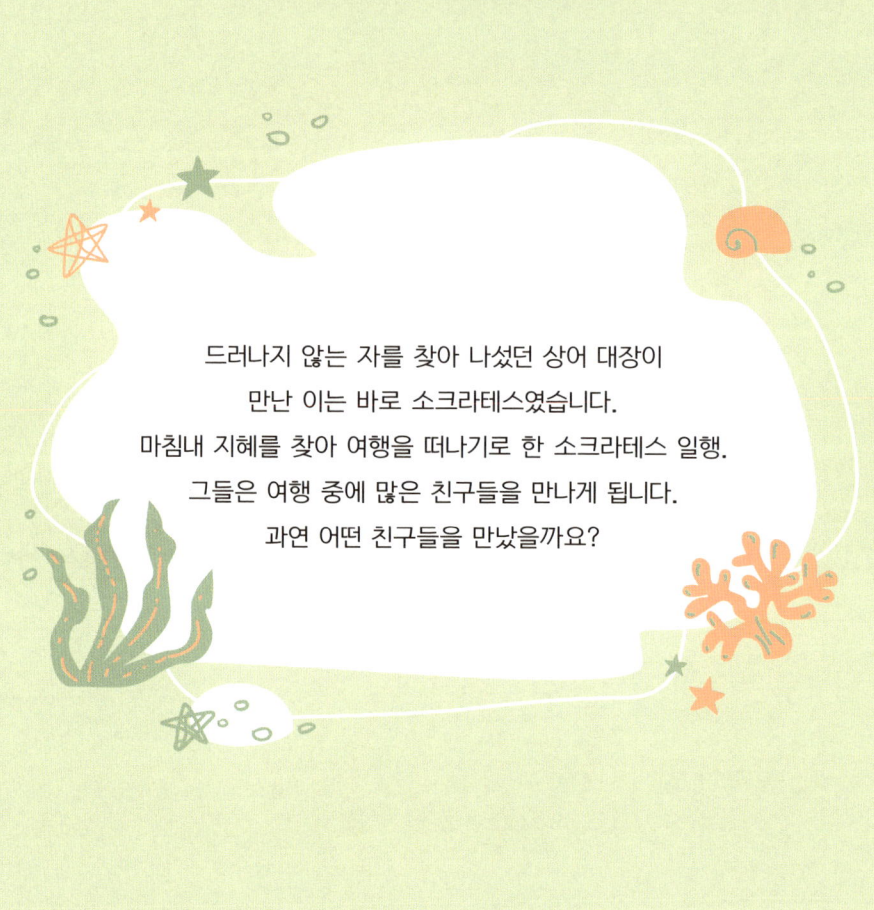

드러나지 않는 자를 찾아 나섰던 상어 대장이
만난 이는 바로 소크라테스였습니다.
마침내 지혜를 찾아 여행을 떠나기로 한 소크라테스 일행.
그들은 여행 중에 많은 친구들을 만나게 됩니다.
과연 어떤 친구들을 만났을까요?

상어 대장 카이레폰, 수수께끼를 풀다

상어 대장 카이레폰은 피테이아를 만난 이후 지금껏 아고라의 하늘을 날며 혼란스러운 아고라의 상황을 해결해 줄 누군가를 찾았습니다. 그 누군가는 '모르는 자, 드러나지 않는 모습으로 드러나는 자'라는 두 가지 조건을 갖춘 자여야 했습니다. 카이레폰은 아고라에 살고 있는 모든 식구들을 떠올려 보았습니다. 그러나 아무도 수수께끼 같은 조건을 만족시키지 못했습니다.

카이레폰은 고민했습니다. 누구를 만나 보아도 "나는 잘 모른다."라고 대답하는 경우는 단 한 번도 없었습니다. 또 모두들 자신의 지식을 과시하려고만 할 뿐 자신을 겸손하게 낮추려는 이는 만날 수 없었습니다. 카이레폰은 아고라의 식구들 하나하나를 만나 보며 피테이아가 말한 조건을 갖추기가 얼마나 힘든지 점점 더 강하게 느끼게 되었습니다. 한참을 찾아 헤맨 카이레폰은 거의 단념할 지경에 이르렀습니다. 아고라에서 유명하다고 하는 친구들은 이미 다 만나 봤지만 조건에 맞는 자는 하나도 없었습니다.

마지막이라고 생각하고 카이레폰은 방법을 바꿔 보았습니다. 이번에는 만나는 친구들마다 붙잡고 유명하지 않은 자를 알고 있는지 물어보았습니다. 의외로 유명하지 않은 자를 찾는 것은 쉬웠습니다. 모두들 간단하게 대답했습니다.

"아고라에서 가장 낮은 곳에 있는 말미잘 숲으로 가 보시죠."

"말미잘 숲에 가면 못생긴 달팽이 아저씨가 있어요."

"달팽이 아저씨가 아고라에서 가장 유명하지 않을 거예요."

카이레폰은 피테이아가 말한 바로 그 자를 찾을 수 있다는 확신이 들었습니다. 유명하지 않다고들 하지만 아고라의 누구도 그를 모르는 이가 없었기 때문입니다. 카이레폰은 당장 말미잘 숲으로 날아갔습니다.

그곳에는 커다란 물음표가 그려져 있고 그 옆에는 못생긴 달팽이가 비스듬히 누워 낮잠을 자고 있었습니다. 그리고 그 옆에는 작은 소라게 하나가 달팽이의 팔을 베고 잠들어 있었습니다. 카이레폰은 달팽이의 얼굴을 들여다보며 웃었습니다. 카이레폰도 알고 있는 소크라테스였기 때문입니다. 곰곰이 생각해 보면 소크라테스의 못생긴 얼굴은 호감이 가지 않는 대신 눈에 띄기 쉬웠습니다. 물음표를 그려 놓고 자기는 아는 것이 없다고 말하는 그의 겸손함도 모두가 잘난 체하기에 바쁜 아고라에서 아주 독특한 점이었습니다. 이제야 그걸 알았다니, 하는 생각에 카이레폰은 아차 싶었습니다.

"소크라테스, 오랜만일세."

잠기운이 채 덜 가신 소크라테스가 눈을 비비며 카이레폰을 맞았습니다.

"아함……, 아니! 카이레폰, 어쩐 일인가?"

"델피 언덕에서 오는 길일세."

카이레폰은 거북 할멈 피테이아가 한 말을 모두 소크라테스에게 들려주었습니다.

"피테이아 할멈이 자네가 아고라에서 가장 지혜로운 자

라고 했네. 혼란스러운 아고라를 구해 줄 자는 자네밖에 없다더군."

"……."

카이레폰이 떠난 뒤 소크라테스는 고민에 빠졌습니다. 곁에서 이야기를 듣고 있던 플라톤은 카이레폰이 말한 지혜라는 것이 뭔지 궁금했습니다.

"소크라테스, 지혜가 뭐예요?"

"글쎄, 나도 모르겠다, 플라톤. 난 아직 내 자신을 잘 모르는데 내가 가장 지혜롭다니……. 나도 그걸 알고 싶단다."

소크라테스는 다이몬을 한참 바라보며 생각에 잠겼습니다. 플라톤이 슬그머니 토라지려고 할 때 소크라테스가 말했습니다.

"플라톤, 우리 함께 여행을 떠나 보자."

여행에서 만난 친구들

외눈박이 물고기 에로스

소크라테스와 플라톤 그리고 다이몬은 계속해서 다른 세상을 향해 앞으로 나아갔습니다. 그들이 살던 아고라와는 점점 멀어졌습니다. 아고라에서 태어나고 자란 플라톤은 아고라가 세상의 전부라고 생각했습니다. 아고라를 벗어나면 아무도 살지 않는 컴컴한 사막이 있을 것이라고 생각해 왔습니다. 그러나 아고라가 아닌 곳에도 바다 동물들이 살고 있었습니다. 또 아고라와 비슷한 섬들이 셀 수 없이 많았습니다.

셋은 평퍼짐한 언덕 위에서 잠시 쉬어 가기로 했습니다.

"소크라테스, 저 섬에도 우리 아고라처럼 많은 식구들이 살고 있나요?"

"그럼! 모든 섬들이 다 그렇단다."

"프로타고라스 선생이 말한 것처럼 바다 세상 밖에도 누군가가 살고 있나요?"

"나도 바다 밖에는 나가 보지 못했지만 당연히 그렇지 않겠니? 바닷속에 우리가 있는 것처럼 바다 밖에는 또 다른 친구들이 살고 있을 거야."

곁에서 이야기를 듣고 있던 다이몬도 고개를 끄덕였습니다.

"소크라테스, 궁금한 게 있어요."

"그래, 플라톤. 말해 보렴."

"저 각각의 섬들마다 많은 동물들이 살고 있다면 어느 섬이 세상의 중심인가요? 프로타고라스 선생은 우리 자신이 세상의 중심이라고 말했거든요."

플라톤이 한참 말하고 있을 때 갑자기 땅이 움직이는 듯한 느낌이 들었습니다.

"음, 플라톤. 우리 그건 조금 더 생각해 보고 다시 이야기하자꾸나."

소크라테스는 잠시 플라톤의 말을 가로막았습니다. 그러고는 귀를 쫑긋 세웠습니다.

"플라톤, 우리가 어디에서 걸어왔지?"

"저쪽에서요. 어, 이상하다! 아고라가 아깐 저쪽에 보였었는데!"

소크라테스는 땅바닥을 보았습니다. 신기하게도 그들이 걸어온 발자국이 보이지 않았습니다. 정신을 차리고 둘러보니 이곳에는 말미잘 숲도 없고 산호초 숲도 없었습니다. 마치 사막처럼 빈 땅만 쭉 펼쳐져 있었습니다. 소크라테스와 다이몬과 플라톤은 숨소리도 내지 못한 채 굳어 버렸습니다.

"안녕, 친구들."

땅에서 갑자기 말소리가 들렸습니다. 셋은 놀라서 몸이 더욱 뻣뻣해졌습니다.

"난 지금 몹시 배가 고프거든. 내가 제일 좋아하는 음식은 달팽이 요리에 물고기를 곁들이고 그 위에 소라게를 얹은 것이지."

"……."

"어때? 내가 내는 수수께끼를 맞히면 너희들을 살려 주고 못 맞추면 배고픈 나를 위해 너희들이 한 끼 식사가 되어

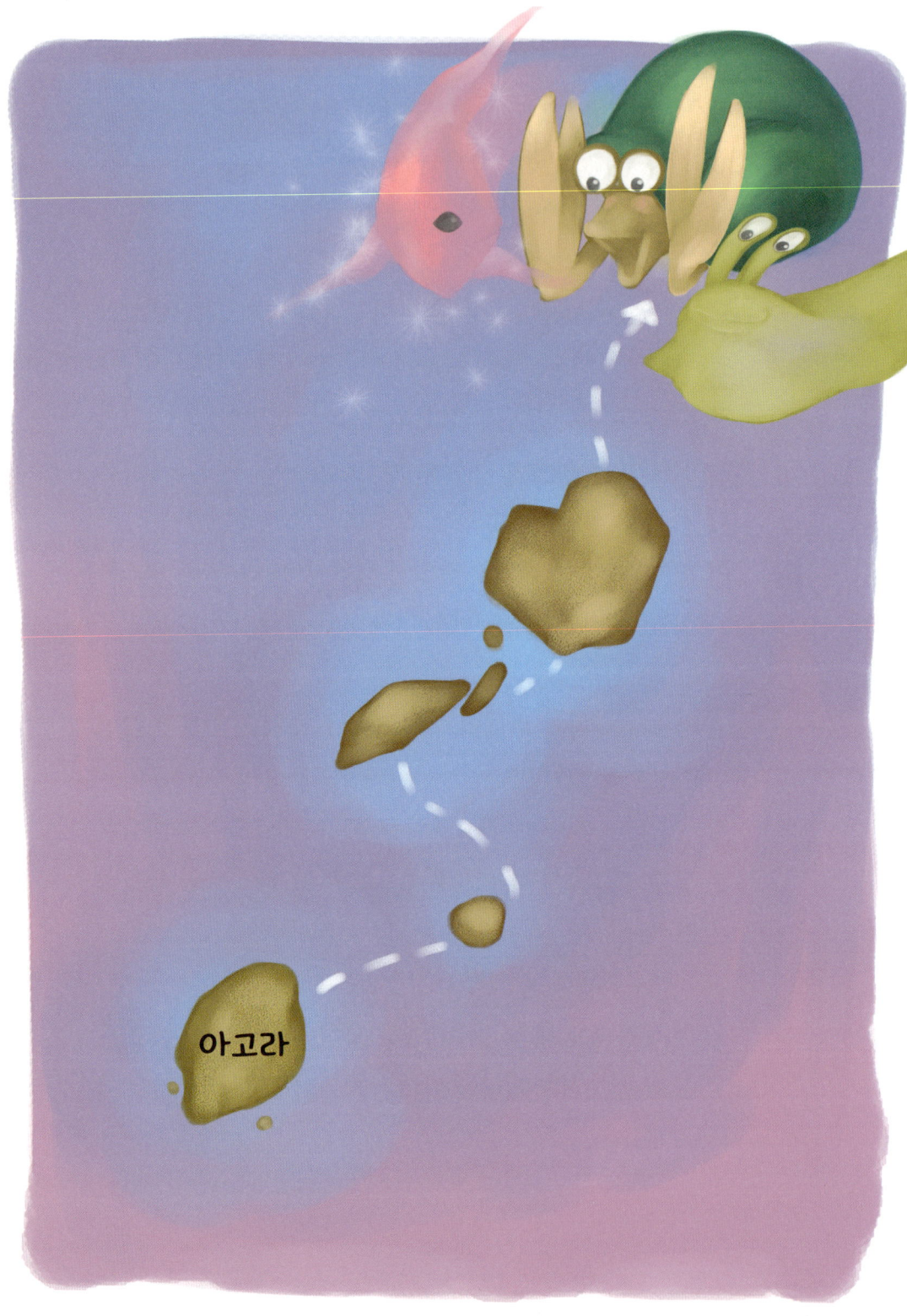

주지 않겠나?"

"좋아, 한번 해 보지."

소크라테스는 자신 있게 그렇게 하겠다고 대답했습니다. 플라톤은 놀라서 집게발을 덜덜 떨며 소크라테스 뒤에 숨었습니다. 땅에서 들리는 목소리는 수수께끼를 내기 시작했습니다.

"지혜와 무지의 중간은 무엇일까?"

무서운 목소리는 소리가 얼마나 큰지 주변의 바다가 쩌렁쩌렁 울릴 정도였습니다. 플라톤은 소크라테스와 다이몬을 번갈아 바라보았습니다. 만일 이 수수께끼를 맞히지 못한다면 누군지도 모르는 목소리가 자신을 아삭아삭 씹어 먹을 거라 생각하자 집게발이 덜덜 떨려 왔습니다. 여행을 떠날 때는 아고라를 벗어난다는 생각에 그저 신나기만 했는데 낯선 곳에서 위험을 맞닥뜨리니 새삼 아고라가 얼마나 좋은 곳인지 알게 되었습니다. 플라톤은 지혜가 뭔지 무지가 뭔지 아직 모르기 때문에 더욱 답답했습니다. 플라톤은 소크라테스의 귀에 대고 귓속말로 속삭였습니다.

"소크라테스, 지혜는 뭐고 무지는 뭐예요?"

"간단하게 말하면 지혜는 참되게 아는 것이고, 무지는 참되게 알지 못하는 것이야."

"소크라테스, 알면 알고 모르면 모르는 거지, 참되게 안다는 건 뭐예요?"

"플라톤, 네가 처음 내 이름을 들었을 때 너는 나를 얼마만큼 알았지?"

"소크라테스라는 이름만 알았지요."

"그럼, 나를 만난 뒤로는 나를 얼마만큼 알게 됐지?"

"음, 오늘까지 만난 만큼이요."

"좋아. 그럼 나에 대해 아는 걸까, 모르는 걸까?"

"음……, 알기도 하고 모르기도 해요. 알아 가고 있는 중이라고 생각해요."

소크라테스와 이야기하는 동안 플라톤은 어느새 무서움을 까맣게 잊어버리고 말했습니다.

잠시 뒤면 죽을 수도 있는 상황이지만 소크라테스와 이야기하는 재미가 무서움을 잊게 했습니다.

"맞아. 그럼 너는 나에 대해 알아 가는 중인데, 앞으로 나를 더욱 잘 알기 위해선 무엇이 필요하다고 생각하니?"

플라톤은 잠시 고민이 되었습니다. 소크라테스와 이야기를 나눌 때면 늘 마음이 행복해서 매일 그를 만나고 싶은 생각에 해가 뜨면 쪼르르 말미잘 숲으로 달려가곤 했습니다. 그를 만난다는 생각만으로도 기운이 펄펄 났습니다. 그런데 지금은 소크라테스를 알아 가고 있는 중입니다. 만일 지금처럼 계속 소크라테스가 보고 싶어서 그를 자주 만난다면 언젠가는 그를 더욱 잘 알 수 있을 것도 같았습니다. 한 번 더 생각을 정리한 플라톤은 자신 있게 대답했습니다.

"사랑이에요. 사랑하는 마음이 있다면 더 잘 알 수 있을 것 같아요."

소크라테스와 다이몬이 동시에 입을 열었습니다.

"와! 대단한걸!"

수수께끼를 낸 무서운 목소리도 말했습니다.

"딩동댕!"

소크라테스와 다이몬과 플라톤은 서로 얼싸안고 좋아했습니다. 셋이서 좋아서 뒹굴고 있을 때 드디어 목소리의 주인공이 모습을 드러냈습니다.

"안녕! 소크라테스, 다이몬 그리고 플라톤."

셋이서 한참을 걸어왔던 땅과 잠시 쉬느라고 앉았던 평퍼짐한 언덕이 꿈틀꿈틀 움직였습니다. 그것은 땅과 언덕이 아니라 눈이 한쪽 얼굴에 나란히 붙은 커다란 넙치였습니다.

"안녕, 친구들. 내 이름은 에로스야. 만나서 반갑다."

셋은 지금까지 넙치 에로스의 몸 위를 걸었던 것입니다.

"우아! 정말 크다."

플라톤은 큰 운동장만 한 넙치의 몸을 보고 놀라서 입을 다물지 못했습니다. 에로스는 소크라테스에게 먼저 악수를 청하며 물었습니다.

"소크라테스, 내가 보기엔 넌 전혀 두려워하는 것 같지 않았어. 어떻게 그럴 수 있었지? 내 목소리를 듣고 놀라지 않는 친구가 없었는데."

"나도 만나서 반가워, 에로스. 내가 왜 겁먹지 않았냐면 네가 다이몬을 볼 수 있었기 때문이야. 조금이라도 욕심이 있는 자는 다이몬을 볼 수 없거든. 네가 누군지는 몰랐지만 아주 마음이 맑은 친구라는 것은 알았지."

에로스는 고개를 끄덕였습니다.

에로스는 세 친구에게 자신의 이야기를 들려주었습니다.

"난 요즘 고민거리가 있어. 우리 동네에서 가장 지혜로운 아빠가 어떻게 우리 동네에서 무지하기로 가장 유명한 우리 엄마와 만났는지 궁금해. 두 분의 사이가 좋았던 어린 시절엔 내 모습도 이렇지 않았어. 다이몬처럼 예쁜 물고기의 모습이었지."

"정말?"

플라톤은 믿을 수 없다는 듯이 말했습니다.

"그럼, 정말이지. 그런데 언제부턴가 지혜로운 아빠와 무지한 엄마가 서로 다투기 시작했어. 그리고 그때부터 내 몸도 한쪽으로 비뚤어지기 시작했어. 나도 모르게 한쪽 편만 보는 게 버릇이 되었나 봐."

플라톤이 맞장구를 쳤습니다.

"맞아, 나도 그래요. 난 오른쪽 집게발만 자꾸 쓰다 보니 오른쪽 집게발이 왼쪽 집게발보다 더 커요."

에로스는 플라톤을 쓰다듬으며 계속 이야기를 이어 갔습니다.

"그래서 난 고민했지. 다이몬처럼 반듯하게 있으면 보이는 쪽만을 생각하고 보이지 않는 쪽은 까맣게 잊게 되거든. 그러다 보니 늘 어느 한 편만을 옳다고 여기는 거야. 친구들이 말다툼을 하고 있을 때도 보이는 쪽 친구의 편만 들어 주었어."

다이몬이 오랜만에 입을 열었습니다.

"에로스, 하지만 내 생각엔 지금의 넌 반쪽짜리 생각만

하는 것 같지는 않아."

"응, 다이몬 네 말이 맞아. 나는 내가 한쪽 면만 본다는 걸 알게 된 뒤로 지금처럼 땅에 엎드려서 지내게 되었고, 그렇게 해서 비록 내 눈이 한쪽으로 치우치고 말았지만 땅에 엎드려 있으면 세상을 다 볼 수 있게 되었거든. 그리고 나니 몸은 조금 불편하지만 마음은 아주 행복해."

"그랬었구나."

다이몬은 고개를 끄떡였습니다.

"그런데 에로스, 어린 시절처럼 마음껏 하늘을 날고 싶은 생각은 없는 거야?"

소크라테스가 안타까운 표정으로 물어보았습니다.

"가끔은 날아 보고 싶어. 하지만 그렇게 되면 다시 한쪽 면만을 보게 될걸. 마음이 불편한 것보다 몸이 불편한 것이 더 나아."

소크라테스와 다이몬과 플라톤은 넙치 에로스를 위해 무슨 좋은 방법이 없을까 하고 머리를 쥐어짰습니다. 이 모습을 본 에로스는 무슨 영문인지 크게 웃기 시작했습니다.

"……."

세 친구는 어리둥절해서 아무 말도 못하고 멍하니 에로

스를 바라보았습니다.

"그런데 너희들이 아까 답을 찾아 주었어. 사랑이라고. 우리 넙치는 한쪽만을 보기 때문에 누구를 만나서 짝이 되어도 볼 수 있는 것은 정반대가 돼. 지혜로운 아빠가 만날 수 있었던 짝은 당연히 지혜와 반대가 되는 무지한 엄마밖에 없었을 거야. 서로 정반대인 경우에 둘의 사이를 좋게 해 주는 것은 사랑이라 했지. 그런 것 같아. 둘이 함께라면 양쪽을 다 보면서 자유롭게 날아다닐 수도 있을 것 같아."

소크라테스와 다이몬과 플라톤은 가만히 고개를 끄덕였습니다. 소크라테스는 반쪽인 둘이 사랑으로 만나 온전한 하나가 되는 모습을 생각해 보았습니다. 만일 사랑이 없다면 반쪽들은 자신이 보는 것만을 전부로 생각하며 서로 싸울 것입니다. 그러나 사랑이 그들 사이에 자리 잡으면 서로 많이 다르다는 것을 인정하게 되는 이치가 참으로 신비로웠습니다. 소크라테스는 이제야 사랑이 뭔지 알 것 같았습니다.

그러자 한참을 생각에 잠겨 있던 플라톤이 말했습니다.

"소크라테스, 난 사랑이라고 답을 말했지만 사랑이 이렇게 큰 힘을 가졌는지 몰랐어요. 난 사랑이라는 글자를 알았지만 사랑의 뜻을 몰랐던 것 같아요. 그건 내가 사랑에 대해 아는 건가요, 모르는 건가요?"

소크라테스가 대답했습니다.

"아마 사랑은 그것을 실천할 때 비로소 알게 되는 것일 거야. 내가 만일 생각이 많이 다른 친구와 다툰다면 나와 친구 사이에는 사랑이 없는 것이겠지?"

"네, 중간에 있어야 할 사랑이 없으니 다투는 것이겠죠?"

"맞아, 플라톤. 그런 상황에 있는 내가 사랑을 아는 것일까?"

플라톤이 곰곰이 생각해 본 후에 대답했습니다.

"사랑이 없는데 어떻게 사랑을 알 수 있어요? 없는 것을

네 생각은 어때?

소크라테스와 플라톤, 다이몬은 혼란에 빠진 아고라를 구할 방법을 찾기 위해 길을 떠나요. 여행길에서 셋은 외눈박이 물고기 에로스를 만나고, 그가 내는 '지혜와 무지의 중간은 무엇일까?'에 대한 해답을 찾게 되지요. 그 문제의 답과, 그것이 답이 되는 이유는 무엇인지 소크라테스와 플라톤의 대화를 잘 읽고 적어 보세요.

▶ 풀이는 166쪽에

알 수는 없잖아요?"

소크라테스는 플라톤의 머리를 쓰다듬으며 말했습니다.

"맞아, 플라톤. 진정 무언가를 안다는 건 그것을 실천할 때에만 비로소 가능한 것일 거야."

이번에는 에로스가 고개를 끄덕였습니다. 사랑을 안다고 말할 필요도 없이 자신의 몸 안에 사랑의 기운이 가득 차오르는 것을 느꼈습니다.

에로스는 넓은 자신의 몸으로 소크라테스와 다이몬과 플라톤을 꼭 껴안았습니다. 네 친구가 동시에 사랑을 아는 순간이었습니다.

은어 우시아

에로스와 헤어진 후에 세 친구는 한참을 걸었습니다. 플라톤은 아직 어려서 오래 걷는 일이 힘들고 짜증 났습니다. 작은 말미잘을 툭 치기도 하고 어린 조개의 입을 집게발로 벌리기도 했습니다. 그럴 때마다 소크라테스는 플라톤을 꾸중하지는 않았지만 뒤에서 가만히 플라톤에게 괴롭힘을 당한 말미잘을 달래 주거나 어린 조개를 토닥거려 주었습니다. 그리고 다이몬은 플라톤의 머리를 말없이 쓰다듬어 주

었습니다. 플라톤은 혼자서 생각했습니다.

'후, 아직도 난 사랑이 뭔지 모르나 봐.'

이때 갑자기 소크라테스가 발걸음을 멈추었습니다.

"다이몬, 이상하지 않아?"

"그래, 소크라테스. 아까부터 물맛이 이상해졌어."

소크라테스는 플라톤을 돌아보았습니다.

"저도 머리가 어지러워요."

플라톤은 언제부터 그랬는지 휘청휘청 걷고 있었습니다. 다이몬도 날개의 힘을 잃고서 뒤뚱거리기 시작했습니다.

"나도 점점 힘이 빠지는 것 같아."

소크라테스도 머리가 어지럽고 속이 메스꺼웠지만 정신을 집중했습니다. 이대로 쓰러지면 안 된다는 생각에 플라톤과 다이몬을 등에 태우고 한 걸음씩 나아갔습니다.

아주 오랜 시간이 흐르는 듯했습니다. 발걸음을 옮길 때마다 바위를 옮기는 것처럼 몸이 무거웠습니다. 아고라를 통째로 옮기더라도 이보다 더 힘들지는 않을 것이라는 생각이 들었습니다. 언제부터인지 모르게 눈앞이 하얘지기 시작했습니다. 소크라테스도 결국 정신을 잃고 말았습니다.

얼마 후 소크라테스는 누군가가 얼굴을 때리는 듯한 느

낌을 받고 깨어났습니다.

"어때요, 정신이 들어요?"

"……."

"이봐요. 정신 차려 봐요."

"으으……음……."

소크라테스는 힘겹게 눈을 떴습니다. 사방이 아름다운 은빛으로 가득했습니다.

'아, 내가 죽었구나.'

힘들게 떴던 눈이 다시 감겨 버렸습니다. 이때 귀에 익은 목소리가 들렸습니다.

"소크라테스, 일어나요. 정신 차려요."

"소크라테스, 저 플라톤이에요. 어서 일어나세요."

분명 다이몬과 플라톤의 목소리였습니다. 소크라테스는 힘을 내서 눈을 크게 떠 보았습니다. 플라톤과 다이몬이 희미하게 보이기 시작했습니다.

"음……으으음……. 다이몬 그리고 플라톤, 너희들도 죽고 말았구나."

순간 모두들 할 말을 잃었습니다. 그리고는 모두들 배꼽을 잡고 웃기 시작했습니다. 소크라테스만이 영문을 모르고 어리둥절해했습니다.

"소크라테스, 우리 안 죽었어요. 다시 깨어났다고요."

플라톤이 집게발로 소크라테스의 눈꺼풀을 들어 올렸습니다. 어느새 기운이 돌아왔는지 소크라테스는 주변이 명확히 보이기 시작했습니다. 플라톤과 다이몬이 앞에 있고 그 주변으로 은빛의 아름다운 물고기들이 뺑 둘러 있었습니다. 그중 한 물고기가 앞으로 나서며 인사를 건넸습니다.

"안녕하세요, 소크라테스. 나와 내 친구들은 은어랍니다. 그리고 내 이름은 우시아예요."

"반가워요, 우시아. 그런데 어찌 된 일인지 아직 잘 모르겠네요. 어떻게 된 거죠?"

은빛의 물고기 우시아는 그동안의 사정을 이야기해 주었습니다. 소크라테스와 다이몬과 플라톤은 강물이 바다로 흘러드는 곳을 걷고 있었던 것입니다.

"바다에 사는 바다 동물들은 강물을 마시게 되면 죽기도 한답니다. 이렇게 살아난 것이 다행이에요."

"당신들이 우리를 살려 주었군요."

소크라테스는 그제야 어떤 일이 일어났었는지 알게 되었습니다.

"그런데 당신들은 어떻게 그런 곳에서 우릴 도울 수 있었죠?"

"우리 은어는 강물이 시작되는 곳에서 태어나 바다로 와서 산답니다. 그러다가 때가 되면 다시 우리가 태어난 강으로 돌아가거든요. 마침 그때가 되어서 모두들 모여 함께 강을 오르려던 중이었답니다. 그런데 우연히 소크라테스가 다이몬과 플라톤을 업고 가다 차차 정신을 잃어 가고 있는 모습을 발견했지요. 강물로 올라가기까지가 매우 힘들어서 우리도 그 전에 몇 번 연습을 한답니다. 많이 힘들었지요?"

"네. 사실 한 걸음 옮길 때마다 커다란 바위 덩어리를 옮기는 것처럼 힘들더군요."

플라톤이 궁금증을 참지 못하고 물었습니다.

"우시아, 그렇게 힘들어하면서까지 꼭 가야 하나요?"

"플라톤 말이 맞아요. 힘든 건 사실이에요. 처음 강물을 만날 때도 힘들지만 거꾸로 강물을 거슬러 올라가는 일은 더 힘들어요. 그런데 나이가 들수록 처음 태어난 곳이 그리워진답니다. 내가 진정 누구인지를 알고 싶어지는 거죠. 그 마음을 더 이상 참을 수 없는 친구들이 이렇게 모여서 함께 강을 거슬러 올라간답니다."

소크라테스와 다이몬과 플라톤도 혼란스러워진 아고라에서 참된 무언가를 찾기 위해 여행을 시작했기 때문에 우시아의 마음을 조금은 알 수 있을 것 같았습니다. 그러나 그 여행이 너무도 고통스럽고 힘들다는 것을 알았다면 쉽게 여행을 시작하지 않았을 것입니다. 소크라테스도 다이몬도 그리고 플라톤도 은어들의 목숨을 건 여행 앞에서 고개가 숙여졌습니다. 자신들도 은어들처럼 목숨을 걸고 무언가를 찾아본 적이 있었던가 생각해 보니 더욱더 은어들이 존경스러웠습니다.

"우시아, 당신들이 그토록 힘들게 거슬러 올라가 태어난 곳에 도착하면 정말 '참된 나'를 찾을 수 있을까요?"

은어들이 너무도 걱정스러워 마음이 아픈 다이몬이 물었습니다.

"우리도 잘 모른답니다. 그러나 참된 나를 알지 못한 채 바다에서 편하게 살아가는 것이 우리에겐 더욱 견디기 힘든 일이랍니다."

은어들은 소크라테스와 다이몬과 플라톤이 모두 무사히 깨어났으니 이제 가 봐야겠다며 작별 인사를 했습니다.

"이제 여기서 헤어져야겠군요. 당신들도 찾고 있는 무언가를 꼭 찾을 수 있길 바랍니다. 안녕."

소크라테스는 우시아와 은어 친구들에게 작별 인사를 하고 그들의 모습이 보이지 않을 때까지 손을 흔들어 주었습니다. 왠지 지금 그들과 헤어지고 나면 다시는 볼 수 없을 것만 같은 느낌이 들었습니다. 그러자 살아오면서 한 번도 흘려 본 적 없는 눈물이 마구 흘러내렸습니다. 곁에 있는 다이몬의 감은 눈에서도 눈물이 흘렀습니다. 한참을 그렇게 울면서 우시아와 다른 은어 친구들이 모두 무사히 참된 자신을 찾을 수 있기를 마음속으로 기원했습니다.

셋은 다시 길을 떠났습니다.

"소크라테스, 궁금한 게 있어요."

"그래, 플라톤. 뭐가 궁금하니?"

"참된 나라는 건 뭐예요? 내가 여기 있는데 또 다른 내가 있는 건가요?"

"플라톤, 큰 고래 탈레스를 기억하니?"

"네, 로고스를 찾아서 이 큰 바다를 여행한다고 했어요."

"탈레스는 궁금한 게 많은 친구란다. 모든 생명체를 포함하는 거대한 자연의 뿌리를 찾으려고 했지."

"와! 대단하네요. 전 그런 것은 생각조차 못 해 봤는데."

"그래, 정말 대단하지."

"어때요? 자연의 뿌리를 찾았나요?"

"음, 어느 날 탈레스는 자연의 뿌리가 물이라고 생각했단다."

"와! 정말 그러네요. 물이 없으면 아무것도 살 수 없잖아요."

무언가를 찾는다는 것은 참으로 어려운 일인 모양입니다. 우시아가 참된 자신을 찾는 일도 어렵지만, 플라톤이 궁금해하는 답을 찾아 가는 일도 쉽지 않습니다. 하지만 소크라테스는 차근차근 하나씩 플라톤과 이야기를 주고받았습니다.

"플라톤, 네가 많은 걸 궁금해하는 이유는 뭘까?"

"그건……, 그냥 궁금하니까요."

"그래? 그렇다면 참 이상한 것이 있구나. 너의 몸은 물을 바탕으로 만들어졌는데 물이 무언가를 궁금해하던?"

"물은 그냥 물이니까 무언가를 궁금해할 것 같지는 않아요."

"그래. 물은 그냥 두면 늘 물일뿐이겠지. 그렇다면 물이 있고 또 무언가가 더 있어야만 물이 변해서 소라게 플라톤도 되고 물고기 다이몬도 되는 거겠지?"

"맞다, 그러네요. 물은 그냥 물이니까 무언가가 있어야만 생명체로 만들어지고 또 그 생명체가 모여서 아고라 같은 큰 동네도 만들어지겠네요."

"또 하나만 더 생각해 보자꾸나. 그 무언가가 있기 때문에 물이 변해서 이것저것 만들어졌다면 만일 무언가가 없을 경우에는 어떻게 될까?"

"음, 그 무언가가 없다면 플라톤도 사라지고 말미잘도 사라지고 모두 다시 물로 돌아가겠네요."

"그렇겠지. 그렇다면 그 무언가는 이 세상이 탄생하는 순간부터 지금까지 계속 존재하고 있는 것이겠지?"

"정말 지금 이 순간도 그 무언가가 있는 거네요."

다이몬은 미소를 지으며 소크라테스와 플라톤이 나누는 대화를 듣고 있었습니다. 궁금한 게 많은 플라톤도 재미있었지만, 이야기를 나누는 가운데 슬금슬금 문제의 해답을 찾아가는 소크라테스를 보는 것도 재미있었습니다.

"플라톤, 이제 우리 자신으로 돌아와서 생각해 보자."

"네."

"우리 몸은 무엇으로 만들어졌을까?"

"그건 바로 물입니다."

"좋아. 그렇다면 물을 그냥 두면 소라게가 태어날까?"

"아니요. 물에 무언가가 더 있어야 해요."

"플라톤, 그럼 똑같은 물로 만들어졌는데 나와 너는 왜 다르지?"

"그건 물에 더해진 그 무언가가 다르기 때문이에요. 아하! 소크라테스에게는 소크라테스만의 그 무언가가 있고 저에게는 저만의 그 무언가가 있는 거예요."

"그렇구나. 나를 소크라테스로 만든 그 무언가가 있고 너를 플라톤으로 만든 그 무언가가 있겠네."

"소크라테스, 이젠 알 것 같아요. 그 무언가가 바로 참된 나인가요?"

"그런 것 같구나. 나를 나이게 하는 그 무언가, 바로 그것이 참된 나인 것 같다."

"소크라테스, 저도 그 무언가를 찾고 싶어요."

"플라톤, 나도 그렇단다."

소크라테스와 플라톤이 이야기를 나누고 있는 이 시간에 은어 우시아와 그 친구들은 이미 강물을 거꾸로 거슬러 올라가고 있을 것입니다. 너무 어릴 적에 강에서 바다로 왔기 때

109

문에 돌아가는 길을 다 기억하지는 못할 것입니다. 그러나 있는 힘을 다해서 물을 거슬러 올라갈 때 은어들을 은어이게 만든 그 무언가가 응원을 해 줄 것입니다. 또한 냇물이 두 갈래로 갈라지는 곳에선 은어의 그 무언가가 그들에게 올바른 길을 속삭여 줄 것입니다. 소크라테스와 다이몬과 플라톤은 은어들이 간 곳을 한참 동안 바라보았습니다. 앞으로 그들이 가는 곳마다 강물은 은빛으로 반짝일 것입니다.

뱀장어 피타고라스

소크라테스와 다이몬과 플라톤은 발이 푹푹 빠지는 진흙 바닥을 걷고 있었습니다. 아고라로 돌아가는 길을 찾지 못해서 헤매던 중에 발자국도 남지 않는 곳을 걷게 된 것입니

네 생각은 어때?

여행지에서 만난 은어 우시아는 '참된 나'를 찾기 위해 강을 거꾸로 올라가는 힘든 여행을 하고 있었어요. 우시아가 이야기하는 '참된 나'란 무엇인지 적어 보세요. ▶ 풀이는 166쪽에

다. 앞도 보이지 않고 발자국도 보이지 않으니 어디로 가는지 도무지 알 수 없는 상황이 되고 말았습니다. 그런데 근처에서 무언가 움직이는 것이 느껴졌습니다. 플라톤은 소크라테스에게 바싹 붙으면서 가만히 물었습니다.

"소크라테스, 우리 가까운 곳에 무언가 있나 봐요."

"그래, 조심하자."

소크라테스와 플라톤은 앞이 보이지 않는 곳이라 잔뜩 겁을 먹으며 긴장했습니다. 그러나 다이몬은 평소에도 앞이 보이지 않기 때문에 마음이 편안했습니다.

"소크라테스, 플라톤, 너무 두려워 말아요. 무언가 있기는 한데 우리를 해칠 것 같지는 않아요. 다만……."

다이몬이 말꼬리를 흐리는 것으로 보아 무언가 문제가 있기는 한 모양이라고 생각한 플라톤이 목소리를 낮추며 물었습니다.

"뭔가 이상한 게 있어요?"

"응. 살아 있는 것도 같고 아닌 것도 같고, 어디론가 걸어가는 것 같지만 목적지 없이 그저 헤매는 것 같기도 하고……. 도무지 종잡을 수 없네."

이때 어디선가 쩌렁쩌렁한 목소리가 들렸습니다.

"나는 알지 못하지만 무언가 있다고 할 때, 그것은 있는 것인가, 없는 것인가? 그리고 그것은 무엇인가?"

그 목소리는 크고 쩌렁쩌렁한 할아버지의 목소리 같았습니다. 조금만 움직여도 진흙이 바닷물에 흩어져 눈앞을 가렸기 때문에 어디로 가고 있는지도 모르던 소크라테스 일행은 누군가를 만났다는 반가움에 힘이 솟았습니다.

"할아버지, 여기가 어디쯤인가요?"

잔뜩 지쳐 버린 플라톤이 물었습니다.

"내가 낸 문제를 맞히면 대답을 해 주지."

쩌렁쩌렁 울리는 목소리는 단호하게 말했습니다. 아무래도 문제를 맞히지 못하면 길을 가르쳐 주지 않을 듯했습니다.

"할아버지, 그러지 말고 길부터 가르쳐 주세요. 길부터 가르쳐 주시면 문제를 풀어 볼게요."

"내가 낸 문제를 맞히면 대답을 해 주지."

대답은 똑같았습니다. 아고라로 돌아가려면 길을 알아야 하니 어떻게든 문제를 풀어야 했습니다. 소크라테스는 늘 그랬듯이 자신들 마음속 어딘가에 문제에 대한 답이 있을 것이라고 믿었습니다. 차근차근 질문에 대한 대답을 찾아 가다 보면 분명히 답을 알아 낼 수 있을 것이라 생각했습니다.

이때 플라톤이 먼저 답을 찾았는지 자신 있게 소크라테스의 귀에 속삭였습니다.

"소크라테스, 무언가가 있다는 것은 분명히 있는 것이잖아요. 있다고 말할까요?"

"플라톤, 그냥 있다고 말하기엔 큰 문제점이 남는구나."

플라톤이 고개를 갸우뚱하며 물었습니다.

"소크라테스, 무슨 문제점이 남나요?"

"그 무언가는 분명 있는 것인데 그것을 '있다'라고 대답하는 것이 '나'인 게 문제란다. 내 입으로 '있다'라고 대답을 한다면 그것이 무엇이고 어떻게 생겼는지 알아야만 하지 않겠니? 모르면서 있다고 대답할 수는 없잖아."

플라톤은 점점 더 모르겠다는 듯 고개를 갸우뚱했습니다.

"그럼 예전에 말한 그것과 같은 건가요? 서로 싸우면서 사랑을 안다고 말하면 안 되는……?"

플라톤은 넙치 에로스를 만났을 때 얘기했던 사랑에 대한 기억이 되살아났습니다.

"플라톤, 기억나지? 만일 네가 누군가와 싸운다면 너에겐 이미 사랑이 없는 셈인데 그런 네가 사랑을 안다고 말하면 그건 없는 것을 말하는 일이 되어 진정 안다고 말할 수 없다고 했지."

"네, 안다는 것은 실천과 함께할 때만 가능합니다!"

"그래, 다시 천천히 생각해 보자꾸나. 무언가가 있다. 그런데 우리는 그것이 무언지 모른다. 그렇다면 우리에게 그 무언가는 있는 것인가, 없는 것인가?"

플라톤은 집게발로 머리를 긁적이며 한참을 생각하다가 대답했습니다.

"소크라테스, 만일 내가 그 무언가를 있다고 말하려면 그게 무언지 알아야 한다는 거죠?"

"그렇지. 만일 내가 그것을 모른다면 나에게는 없는 것인데 어떻게 있다고 말할 수 있겠니?"

플라톤은 이제야 한숨을 내쉬면서 이 문제가 얼마나 어려운지 깨달았습니다.

"정말 쉽지 않은 문제군요."

소크라테스와 플라톤은 생각에 너무 깊이 빠지다 보니 몽롱해져서 그만 머릿속이 텅 비고 말았습니다. 멍한 표정으로 주저앉아 있는 둘을 다이몬이 큰 소리로 깨웠습니다.

"이봐요! 소크라테스와 플라톤! 정신 차려요."

그제야 소크라테스와 플라톤은 몽롱한 상태에서 빠져나올 수 있었습니다.

"자, 둘 다 이젠 정신 차려요. 아무래도 우리가 삼각 지대에 들어온 것 같아요."

"삼각 지대? 다이몬, 그게 뭐예요?"

플라톤은 삼각 지대라는 곳이 있다는 것을 처음 들었습니다.

"바닷속 깊은 곳에 있는데, 그곳은 땅과 하늘이 구분되지 않고, 있는 것과 없는 것도 구분되지 않는 그런 곳이야. 그곳에서 많은 여행자들이 사라졌어. 여기가 아마도 그곳 같아."

"맞아요. 앞도 보이지 않고, 발자국도 남지 않고, 땅처럼 생겼지만 밟으면 쑥쑥 빠지니 땅이라고 할 수도 없고, 그렇다고 하늘이라고 할 수도 없어요."

다이몬은 좀 전에 소크라테스와 플라톤이 몽롱한 상태에 빠졌던 것을 생각하며 말했습니다.

"그래. 그리고 아까 소크라테스와 네가 몽롱한 상태에 빠진 것도 어쩌면 몸은 있지만 정신이 없는 상태였으니 그랬던 걸 거야. 그건 있는 것이기도 하고 없는 것이기도 해."

소크라테스와 다이몬과 플라톤은 등이 오싹해졌습니다.

말로만 듣던 삼각 지대에 직접 와 있다니, 다이몬이 없었다면 소크라테스와 플라톤은 몽롱한 상태에 빠져 헤어나지 못했을 것입니다. 한숨을 내쉬며 플라톤이 말했습니다.

"이곳에서 사라졌다는 여행객들도 저 목소리가 낸 문제를 생각하다 정신이 몽롱해졌겠네요?"

소크라테스가 갑자기 무슨 생각이 난 듯이 눈을 번쩍 뜨면서 말했습니다.

"다이몬, 아까 네가 느꼈던 움직임들은 정신을 잃어버린 여행객들이 아니었을까?"

순간 소크라테스와 다이몬과 플라톤은 놀란 표정으로 서로를 보았습니다. 문제를 풀다가 아는 것과 모르는 것의 중간쯤에서 생각의 길을 잃어버려서 다른 여행객들처럼 삼각 지대 안을 끝없이 헤매게 될 것을 생각하니 등골이 오싹해졌기 때문입니다.

"소크라테스, 무서워요. 앞이 보이지 않아서 길을 못 찾고 헤매는 것보다 생각 속에서 길을 잃고 헤매는 게 더 무서운 것 같아요."

"플라톤, 나도 무섭구나. 그럴수록 정신 바짝 차리고 함께 생각해 보자."

"소크라테스, 문제를 풀려고 하다가 또 몽롱한 상태에 빠지게 되면 어떡하죠? 문제에 답이 있다고 하지만 우리가 모를 수도 있잖아요."

"그래. 분명히 답은 있겠지만 우리가 알고 있는 것이 한정되어 있으니 모를 수도 있을 거야."

소크라테스와 플라톤의 얘기를 가만히 듣고 있던 다이몬은 혼자 빙그레 웃었습니다.

"소크라테스 그리고 플라톤, 얘기를 잠깐 멈춰 봐요."

소크라테스와 플라톤은 어느새 또 멍해진 얼굴로 다이몬을 바라보았습니다.

"자, 잠깐 내 말을 들어 봐요. 플라톤, 길을 잃고 헤매게 될까 봐 두렵지?"

플라톤은 조금 부끄러웠지만 고개를 끄덕였습니다.

"네."

"그리고 소크라테스, 당신은 분명히 답을 찾을 수 있을 거라고 생각하지요?"

소크라테스도 고개를 끄덕였습니다.

"응."

다이몬은 차분하고 다정한 목소리로 그들에게 말했습

니다.

"난 태어날 때부터 앞이 보이지 않았어요. 내 눈에는 아무것도 보이지 않지만 소크라테스도 플라톤도 분명히 존재하죠. 또 바닷속 넓은 세상에 많은 다른 친구들이 살고 있을 거라고 생각해요. 어때요? 소크라테스와 플라톤도 앞은 보이지만 지금껏 보지 못한 것들이 많죠?"

소크라테스와 플라톤은 동시에 고개를 끄덕였습니다.

"아직 보지 못한 것들이 많다는 점은 우리가 모두 똑같아요. 어때요? 내가 앞이 보이지 않는다고 해서 세상을 없다고 말한다면 그것은 옳은가요?"

"옳지 않아요. 다이몬의 눈에만 보이지 않을 뿐 세상은 분명히 존재하니까요."

플라톤이 대답했습니다.

"그럼 플라톤, 네가 아직 보지 못한 것들에 대해서도 마찬가지겠지?"

"네, 제가 아직 보지 못한 것들에 대해서 그것들이 존재하지 않는다고 말할 수는 없어요."

"그래, 플라톤. 그러니 우리는 스스로 아직 모르는 게 많다는 것을 인정해야 해."

"맞아요, 다이몬. 어쩌면 우리는 아는 것보다 아직 모르는 게 더 많은 것 같아요."

이때 소크라테스가 옆에서 무언가를 알았다는 듯 가만히 고개를 끄덕였습니다. 다이몬은 소크라테스를 보면서 또 질문했습니다.

"소크라테스, 이제 알겠어요? 플라톤은 길을 잃고 헤맬까 봐 두려워서 답이 보이지 않았고 당신은 답을 분명히 알 수 있을 거라고 욕심내어 찾았기 때문에 답이 보이지 않았답니다."

소크라테스는 다이몬에게 부끄러웠는지 슬며시 고개를 끄덕였습니다.

"그래, 다이몬 말이 맞아. 답을 찾을 수 있다는 그런 욕심을 냈거든."

플라톤은 어리둥절했습니다. 다이몬과 소크라테스는 이미 답을 알아냈는데 자신만 아직 답을 모르는 듯해서 마음이 답답했습니다.

"뭐예요? 두 분은 답을 알아낸 거예요?"

소크라테스와 다이몬은 플라톤에게 웃으며 말했습니다.

"그럼. 그리고 너도 이미 알아냈단다."

"……."

플라톤은 더욱 어리둥절해졌습니다.

"아니에요. 난 정말 모르겠어요. 오히려 모르는 게 너무 많다는 걸 알게 되었을 뿐이에요."

기가 죽어서 어깨를 축 늘어뜨린 플라톤은 잦아드는 목소리로 말했습니다.

"그리고 다이몬의 눈에 보이지 않는 것이 우리 눈에 보인다면 우리 눈에 보이지 않지만 다른 누군가의 눈에는 보이는 것도 많이 있을 것 같아요. 세상은 정말 큰 것 같아요."

한참을 혼자서 중얼중얼하던 플라톤은 이때 갑자기 집게발을 딱 부딪치며 소리쳤습니다.

"아하!"

플라톤은 밝은 표정으로 크게 소리쳤습니다.

"맞다! 답은 '모르는 것'이군요."

소크라테스와 다이몬은 흐뭇한 미소를 지었습니다. 플라톤은 너무나 기쁜 나머지 크게 소리쳤습니다.

"내가 알지 못하는 가운데 분명히 존재하는 것, 그건 바로 '모르는 것'이에요."

그러자 지금껏 잠자코 있던 쩌렁쩌렁한 목소리가 말했습

니다.

"내가 문제를 낸 이후로 처음 답을 맞혔구나. 축하한다, 친구들."

목소리의 주인공이 드디어 모습을 드러냈습니다. 시커멓고 거대한 덩치가 부연 먼지 사이로 서서히 보이기 시작했습니다. 소크라테스는 놀라서 소리쳤습니다.

"아니! 당신은 전설 속의 뱀장어 피타고라스가 맞죠?"

그러자 거대한 뱀장어가 웃으며 말했습니다.

"그래, 소크라테스. 내가 바로 피타고라스라네."

소크라테스와 다이몬과 플라톤은 전설 속의 뱀장어 피타고라스를 만났다는 반가움에 입을 다물지 못한 채 피타고라스의 말을 듣기만 했습니다.

피타고라스는 한결 부드러운 목소리로 말했습니다.

"어때, 소크라테스? 모른다는 것의 의미를 알겠나?"

소크라테스는 얼굴 가득 환한 웃음을 띠며 대답했습니다.

"네, 피타고라스. 내가 모른다는 것을 알았습니다. 그리고 내가 모른다는 것을 아는 것은 곧 모든 것을 아는 것임을 이제야 알겠습니다."

"지혜롭다는 것은 그런 것이라네. 모른다는 것을 아는 것이야말로 가장 지혜로운 것이지."

 피타고라스도 얼굴 가득 환한 웃음을 띠며 소크라테스의 등을 어루만져 주었습니다. 피타고라스와 소크라테스가 활짝 웃으며 서로를 바라보는 가운데 소크라테스의 몸이 잠깐 환하게 빛나는 듯했습니다. 그 순간 소크라테스는 거북 할멈 피테이아가 한 말을 이해하게 되었고, 왜 자신이 가장 지혜로운 자가 되었는지를 알게 되었습니다.

 "피타고라스, 이젠 아고라로 돌아가는 길을 가르쳐 주세요."

 플라톤이 말했습니다.

 "음, 아고라로 돌아간다고 했지?"

 피타고라스는 내키지 않는 듯한 표정으로 한참을 머뭇거리다가 다이몬을 불렀습니다.

 "다이몬!"

 "네."

 "너의 마음이 가고자 하는 길을 따르렴. 그러면 아고라에 무사히 도착할 수 있을 거야."

 곁에서 듣고 있던 플라톤이 불평했습니다.

 "피타고라스, 그렇게 길을 가르쳐 주는 게 어디 있어요?

어디로 가야 지름길인지 방향을 가르쳐 주셔야죠."

피타고라스는 웃으며 대답했습니다.

"플라톤, 길은 정해져 있는 것이 아니란다. 눈에 보이는 지름길보다 보이지 않는 길이 더욱 많단다. 다이몬의 순수한 영혼을 믿고 그가 가는 길을 따라가렴."

피타고라스는 플라톤을 쓰다듬으며 친절하게 대답해 주었습니다. 이제 아고라로 돌아가는 길만 남은 세 여행객에게 피타고라스는 자신의 몸을 구부려 삼각형을 만들어 보였습니다.

"자, 친구들! 내가 만든 삼각형의 문을 통과하게나."

영문은 모르지만 소크라테스와 다이몬과 플라톤은 피타고라스가 몸으로 만든 삼각형의 문을 통과했습니다. 고개를 갸웃거리며 삼각형을 지나가던 플라톤은 궁금함을 참지 못하고 물었습니다.

"피타고라스, 이 삼각형의 문은 무슨 뜻이에요?"

"플라톤, 이 삼각형 속엔 말이다. 우리가 볼 수 없지만 분명히 존재하는 세계가 있단다. 모르는 것을 아는 자만이 갈 수 있는 곳이지."

플라톤은 피타고라스가 한 말이 무슨 뜻인지 다 이해할

수는 없었지만 나중에 소크라테스에게 물어보기로 마음먹고 삼각형을 통과했습니다. 소크라테스와 다이몬과 플라톤은 피타고라스의 삼각형을 지나 한참을 걷다가 뒤를 돌아보았습니다.

그곳엔 여전히 피타고라스의 삼각형이 서 있었습니다. 소크라테스는 희미하게 보이는 삼각형을 오랫동안 바라보았습니다.

"다이몬, 우리는 아직 앞이 잘 보이지 않아. 길을 찾을 수 있겠니?"

다시 걸음을 재촉하며 소크라테스가 다이몬에게 물었습니다.

"응, 내가 보는 세상은 어디에서든 똑같아."

"같은 곳에 있으면서도 내가 보는 세상은 끊임없이 변하는데 네가 보는 세상은 언제나 변함이 없구나."

다이몬을 따라 걷다 보니 어느새 눈앞이 밝아지면서 아름다운 바다가 보였습니다. 미역이 넘실넘실 춤을 추고 말미잘이 알록달록 아름다운 경치를 만들고 있습니다. 바닷속 하늘은 파랗고 저 높은 곳에서는 잘게 부서진 햇살들이 녹아들고 있습니다. 삼각 지대 속에서 헤매다 오랜만에 바다

세상을 보니 너무도 아름다워서 플라톤은 입을 다물지 못했습니다.

"와! 정말 아름답다."

네 생각은 어때?

뱀장어 피타고라스는 소크라테스 일행에게 '내가 알지 못하는 무언가가 있다고 할 때, 그것은 있는 것인가, 없는 것인가? 그리고 그것은 무엇인가?'라는 문제를 던져요. 이 문제의 답과 그 이유를 '지덕합일설'과 관련하여 적어 보세요. 뒤에 있는 '철학자의 생각'을 참고하세요.

▶풀이는 167쪽에

참된 지혜란
내가 모른다는 것을 아는 것

소크라테스의 정신적인 기둥, 다이몬

소크라테스는 평생 다이몬이 들려주는 양심의 소리에 따라 살았다고 합니다. 소크라테스에 의하면 다이몬은 자신에게 주로 어떤 일을 하지 말라 이야기를 했다는 것입니다. 여기서 소크라테스가 말하는 다이몬은 무엇일까요? 보다 쉽게 다이몬에 대해 설명하기 위해서 먼저 한 가지 일화를 들어 보겠습니다.

고대 그리스의 점술가 테오크리토스가 직접 경험한 다이몬에 대한 이야기입니다. 어느 날 테오크리토스와 친구들은 소크라테스와 함께 아고라 광장으로 가는 중이었습니다. 그런데 갑자기 소크라테스가 멈춰 서더니 무언가를 생각하는 듯했습니다. 함께 있던 사람들은 어리둥절해하면서 수군거렸습니다. 잠시 후 소크라테스는 가까운 길을 두고 먼 길로 돌아가자고 했습니다. 함께 있던 사람들이 그 이유를 묻자 소크라테스는 다이몬이 그렇게 하라고 시켰다고 말했습니다. 이 말을 들은 사람들은 크게 웃었습니다. 그러나 소크라테스를 믿던 몇몇 친구들은 소크라테스와 함께 먼 길을 돌아가기로 했습니다. 나머지 사람들은 소크라테스의 말을 듣지 않고 지름길을 택해 아고라로 떠났습니다. 그러나 소크라테스가 아고라에 도착했을 때까지도 지름길을 택한 사람들은 나타나지 않았습니다. 무슨 일인가 하고 수군거리고 있을 때, 그 사람들이 아고라에 도착했습니다. 그들은 지름길에서 갑자기 돼지 떼를 만났다고 했습니다. 좁은 길에서 돼지 떼를 만난 그들은 피하려고 노력했지만, 도저히 피할 수가 없어서 결국 그 길을 포기하고 소크라테스가 택한 먼 길로 돌아서 왔다는 것입니다.

　소크라테스가 아고라로 가기 전 잠시 생각에 잠긴 것은 다이몬의 소리를 들었기 때문이라고 했습니다. 즉, 다이몬의 소리가 가까운 길로 가지 말고 먼 길로 돌아가라고 했다는 것입니다.

　이 이야기는 마치 다이몬이 양심의 소리일 뿐 아니라 미래를 알려 주는 소리이기도 했다는 뜻으로도 볼 수 있습니다. 이렇게 다이몬은 양심의 소리 외에도 소크라테스에게 경고의 메시지를 전했다고 합니다.

소크라테스는 자신이 하고 싶은 것이 있을 때는 마음의 소리 즉, 다이몬의 소리를 들었다고 합니다. 다이몬의 소리는 어떤 때는 빨리 들리고 어떤 때는 아주 오랫동안 들리지 않았다고 합니다. 다이몬의 소리가 들릴 때까지 소크라테스는 한곳에서 기다렸다고 합니다.

이렇게 볼 때, 소크라테스에게 있어 다이몬이란 곧 정신적인 기둥과 같은 것입니다. 일종의 수호천사와 같은 것이라고 할 수 있겠지요. 뿐만 아니라 다이몬의 소리란 양심의 가책이 되는 일을 하지 못하게 하는 어떤 것이라고도 할 수 있지요. 그리고 어쩌면 사람들의 동물적인 감각과도 비슷한 것이라고 볼 수 있습니다.

너 자신을 알라

"너 자신을 알라."는 고대 그리스 델포이의 아폴론 신전 현관 기둥에 새겨졌다는 유명한 말입니다.

소크라테스는 무엇보다 먼저 자기의 무지(無知)를 아는 것이 중요하다고 했습니다. 왜냐하면 인간의 지혜는 신에 비하면 하찮은 것에 불과하니까요. 그리하여 무지를 아는 것을 철학적 사고의 출발점으로 두었습니다.

소크라테스가 동화 속에 등장하는 뱀장어 피타고라스를 통해 깨달은 생각은 바로 "내가 모른다는 것을 아는 것이 곧 모든 것을 아는 것이다."라는 것입니다. 결국 참된 지혜란 내가 모른다는 것을 아는 것이지요.

지덕합일설

소크라테스에게 '안다는 것'은 바로 '덕'입니다. 사랑을 아는 사람은 바로 사랑을 실천하는 사람이라는 말을 기억하지요? 이렇게 아는 것을 실천으로 옮기는 것을 지덕합일설 혹은 지행합일설이라고 합니다. 소크라테스는 악덕이나 죄의 원인을 무지 때문이라고 했습니다. 모르기 때문에 죄를 짓는다는 것이지요. 안다는 것은 실천하는 것을 뜻하기 때문에, 알면서 실천하지 않는 것은 있을 수 없는 일이라는 게 소크라테스의 생각입니다. 즉, 죄를 저지르는 사람은 그것이 죄라는 것을 모르기 때문에 죄를 저지른다는 것입니다. 소크라테스는 이렇게 인간이 고의적으로 죄를 저지를 수 있다는 것을 부정했습니다.

덕은 행복과 연결됩니다. 소크라테스는 참된 행복이 무엇인지를 알아야 한다고 주장했습니다. 참된 행복이 무엇인지 모르는 상태의 무지한 행동이 인간을 불행하게 하고 죄의 나락으로 이끌기 때문입니다.

즐거운 독서 퀴즈

1 다음은 앞에서 읽은 내용이 담긴 문제예요. (   ) 안에 알맞은 답을 써 보세요.

❶ 넙치 에로스가 낸 질문 "지혜와 무지의 중간은 무엇일까?"에 대한 답을 적어 보세요. (   )

❷ 은어는 강물이 시작되는 곳에서 태어나 바다로 가 살다가 때가 되면 다시 강으로 돌아가요. 그 이유는 무언가를 찾기 위해서라고 해요. 은어가 찾는 것은 무엇일까요? (   )

❸ 뱀장어 피타고라스가 낸 질문 "나는 알지 못하지만 무언가 있다고 할 때, 그것은 무엇인가?"에 대한 답을 적어 보세요.
(   )

정답

❶ 사랑   ❷ 물결 무늬   ❸ 보이는 것

2 다음은 소크라테스와 평생 함께했던 것에 대한 설명이에요. 그것은 무엇일까요? (   )

- 소크라테스는 평생 이것이 들려주는 양심의 소리에 따라 살았다. 이것은 소크라테스에게 주로 어떤 일을 하지 말라고 이야기했다.
- 소크라테스에게 양심의 소리와 경고의 메시지를 전했다.
- 소크라테스는 하고 싶은 것이 있을 때는 마음의 소리 즉, 이것의 소리를 들었다.
- 소크라테스에게 정신적인 기둥이자 일종의 수호천사와 같은 것.
- 이것의 소리는 양심의 가책이 되는 일을 하지 못하게 하는 어떤 것이라고도 할 수 있다. 사람들의 동물적인 감각과도 비슷하다.

❶ 다이몬   ❷ 다이아몬드   ❸ 라이몬   ❹ 포이몬

정답

❶ 몬이다

죽음이란 영원히 잠을 자는 것과 같다.
― 소크라테스

4

가장 지혜로운 자, 아고라에 돌아오다

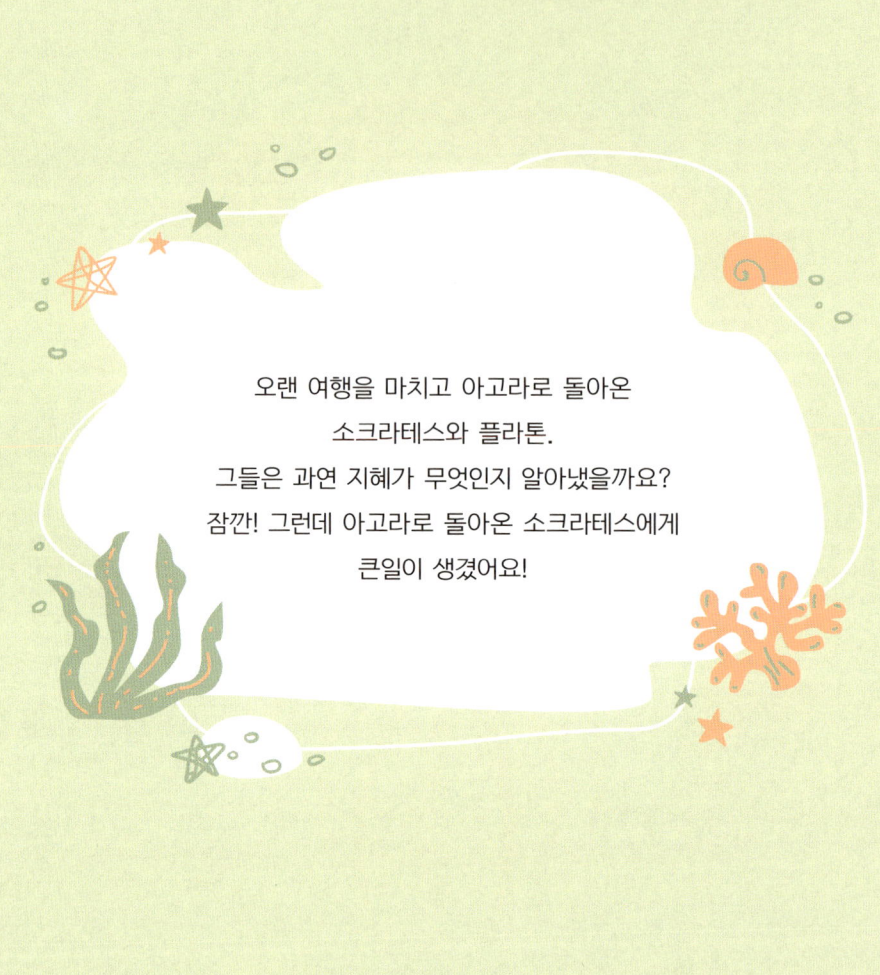

오랜 여행을 마치고 아고라로 돌아온
소크라테스와 플라톤.
그들은 과연 지혜가 무엇인지 알아냈을까요?
잠깐! 그런데 아고라로 돌아온 소크라테스에게
큰일이 생겼어요!

지름길과 돌아가는 길

　이제 소크라테스와 다이몬과 플라톤의 오랜 여행이 막바지에 접어들었습니다. 아고라에서 가장 지혜로운 자가 소크라테스라고 한 거북 할멈 피테이아의 말을 들은 소크라테스는 자신이 진정 지혜로운 자인지를 확인하고자 그동안 여러 친구들을 만나서 많은 것을 배웠습니다.
　미역 숲 너머 저 멀리에서 아고라의 모습이 보이기 시작했습니다. 그러나 미역 숲과 산호 숲 사이로 길이 두 갈래로 갈라져 있어서 어디로 가야 할지 알 수 없었습니다. 마침 낮게 날아가는 해파리가 있어서 길을 물어볼 수 있었습니다.
　플라톤은 소리를 질러 해파리에게 물어보았습니다.

"여보세요! 해파리 아줌마, 아고라로 가는 가까운 길이 어느 쪽인가요?"

"가만……. 음, 산호 숲 쪽으로 난 길이 지름길이구나."

"감사합니다, 해파리 아줌마."

플라톤은 어깨를 으쓱하며 소크라테스와 다이몬에게 길을 안내했습니다. 그러나 소크라테스는 잠시 머뭇거렸습니다.

"소크라테스, 이쪽으로 가는 길이 지름길이래요. 얼른 가자고요."

"잠깐만 기다려, 플라톤. 다이몬에게 물어봐야지."

다이몬은 한참을 생각하다가 산호 숲 쪽이 아니라 미역 숲으로 난 길을 선택했습니다.

"아니, 다이몬. 해파리 아줌마가 하늘에서 보고 가르쳐 준 길은 이쪽인데요."

소크라테스가 플라톤의 머리를 쓰다듬으며 말했습니다.

"플라톤, 우리 미역 숲 쪽으로 한번 가 보자꾸나. 다이몬을 믿어 보렴."

플라톤은 피곤한데 가까운 길을 두고 왜 돌아가려는지 이유를 알 수 없어서 입술을 삐죽 내밀며 대답했습니다.

"네."

때마침 같은 길을 뒤따라온 소라게 일행이 있었습니다. 그들은 플라톤과 해파리의 말을 엿듣고 곧장 지름길인 산호 숲 길을 택했습니다.

비록 돌아가는 길이지만 아고라가 점점 가까워지면서 플라톤은 여행에서 만난 친구들이 보고 싶어졌습니다.

"소크라테스!"

"왜, 플라톤?"

"여행을 할 땐 아고라가 보고 싶었는데, 이제 아고라가 눈앞에 나타나니까 여행에서 만난 친구들이 보고 싶어요."

"나도 그렇단다, 플라톤."

"소크라테스, 어차피 우리는 멀리 돌아가는 길이니까 지난 여행에 대해 이야기하면서 가요."

소크라테스와 다이몬과 플라톤은 아고라를 향해 걸어가면서 여행 속에서 만난 친구들의 이야기를 했습니다.

"소크라테스, 우리가 처음 만난 게 누구였죠?"

"넙치 에로스를 만났지."

"맞다, 에로스. 그런데 그는 아직도 땅바닥에 엎드려 있을까요?"

"플라톤, 내 생각에 에로스는 그와 정반대의 성격을 가진

짝을 만났을 것 같구나."

"그럼 서로 몸을 맞대고 하늘을 날아다니겠네요?"

"그렇겠지."

"소크라테스, 만일 그렇다면 에로스는 사랑을 실천한 거네요?"

"그럼! 사랑을 실천하지 않았다면 둘은 서로 싸우느라 함께 붙어 다닐 수 없을 거야."

"에로스는 사랑을 안다고 할 수 있네요?"

"그럼! 사랑을 실천하니까 사랑을 안다고 할 수 있지."

다이몬이 앞서서 길을 안내하는 동안 소크라테스와 플라톤은 계속해서 여행 중에 만났던 친구들에 대해 이야기했습니다.

"플라톤, 우시아도 기억나니?"

"그럼요. 그런데 소크라테스, 궁금한 게 있어요."

"뭔데?"

"은어 우시아를 보내면서 소크라테스와 다이몬이 눈물을 흘리는 걸 봤거든요. 왜 그랬어요?"

"음, 다이몬도 울었구나. 그럼 덜 창피한걸."

플라톤은 우시아와 그의 은어 친구들을 보내면서 열심히

집게발을 흔들었는데 고개를 돌려서 소크라테스와 다이몬이 우는 것도 살펴본 모양입니다.

"플라톤, 나를 한번 업어 보렴."

"네? 소크라테스는 무겁잖아요?"

"그래도 한번 업어 보렴."

"네."

플라톤은 잠시 소라 껍데기를 벗고 소크라테스를 업었습니다. 작은 소라게가 자기보다 덩치 큰 달팽이를 업으니 소라게는 아래에 깔려 보이지도 않았습니다.

"끙!"

"플라톤, 이제 세 발자국 걸어가 보렴."

"끄응! 한 발짝, 두 발짝, 세⋯⋯ 발짝⋯⋯."

플라톤은 다리가 후들거려서 겨우 세 발짝 걸어가서는 그대로 소크라테스의 아래에 깔려 버렸습니다.

"무거워서 미안하구나, 플라톤. 힘들지?"

"네! 많이 힘들었어요."

"플라톤, 미안하지만 다시 한번 해 보자꾸나."

"네?"

"이번에는 내가 그만하라고 할 때까지."

"네."

플라톤은 다시 소크라테스를 업고 걸었습니다. 한 발짝 두 발짝 세 발짝을 넘었는데도 그만하라는 얘기가 없자 플라톤은 더 힘들었습니다. 마치 큰 바위를 짊어지는 것 같다가 아고라 섬 전체를 짊어지는 듯 점점 더 힘들어졌습니다. 결국 플라톤은 풀썩 주저앉고 말았습니다.

"플라톤, 이번에는 어땠니?"

플라톤은 힘들어서 말도 못 했습니다.

"플라톤, 세 발짝만 갈 때는 그래도 할 만했지?"

"네."

"그러나 언제 끝날지 모를 땐 어땠니?"

"너무 힘들었어요. 다리는 후들거리고 소크라테스는 무겁고 언제 끝날지 몰라서 마음은 답답하고……."

소크라테스는 플라톤의 머리를 쓰다듬어 주었습니다.

"우시아와 다른 은어 친구들이 강을 거슬러 올라가는 일은 그렇게 힘들단다. 강물을 거꾸로 올라가는 일 자체가 네가 느꼈던 것처럼 힘들지만 더 힘든 것은 그 일이 어디쯤에서 끝날지 모른다는 것이지."

"알 것 같아요. 내가 소크라테스를 업고 가는데 언제까지 업고 가야 하는지 모른다면 너무 힘들 거예요."

"플라톤, 우시아는 그렇게 힘든 길을 선택했단다. 참된 자신을 찾기 위해서 힘든 길을 떠나는 친구를 보니 나도 모르게 눈물이 나더구나. 그리고 꼭 우시아와 친구들이 참된 자신을 찾았으면 하고 마음속으로 간절히 빌었단다."

"그랬군요."

플라톤은 우시아가 얼마나 힘든 길을 떠났는지 조금은 알 것 같았습니다. 이제 플라톤의 눈에도 눈물이 조금 고였습니다. 소크라테스와 다이몬은 플라톤의 어깨를 두드려 주었습니다.

"소크라테스도 참된 자신을 알고 싶으세요?"

"물론이지."

플라톤은 소크라테스도 멀리 힘든 여행을 떠날까 봐 걱정이 되었습니다. 소크라테스가 떠날 것을 생각만 해도 눈물이 왈칵 쏟아졌습니다.

"플라톤, 아고라에서 어린 물고기들이 사고 당한 것을 기억하지?"

"네."

"소라게들이 껍데기를 벗고 다니다가 사고를 당한 것도

기억하지?"

"네."

"자기 자신을 제대로 알지 못하면 우리가 아는 지식들이 오히려 더 큰 해로움이 될 수 있단다."

플라톤은 아직 눈물이 그렁그렁한 눈으로 고개를 끄덕였습니다.

갑자기 피타고라스가 생각난 플라톤은 채 눈물이 마르지도 않은 얼굴로 또 질문을 했습니다.

"소크라테스, 궁금한 게 있는데요."

"녀석, 조금 전까지만 해도 울더니 금방 궁금한 게 떠오르는구나. 말해 보렴."

"피타고라스와 만나서 이야기할 때 소크라테스 몸이 잠깐이지만 환하게 빛났거든요. 그건 왜 그랬을까요?"

"그랬었니? 나도 몰랐는데. 아마 그 순간이었던 모양이구나."

플라톤은 초롱초롱 빛나는 눈으로 소크라테스의 이야기를 들었습니다.

"나는 늘 내 자신이 모른다고 생각했단다. 그런데 피테이아 할멈이 내가 아고라에서 가장 지혜로운 자라고 말했다지

뭐냐. 그래서 나도 그 이유가 궁금했단다. 피타고라스를 만나고 나서야 그 이유를 알게 되었지. 모른다고 생각하는 게 가장 지혜롭다는 것을."

"좀 더 말씀해 주세요."

"플라톤, 바다에 아고라 같은 섬이 셀 수 없이 많다는 것을 알지?"

"네."

"그 섬들을 알면 바다를 다 아는 걸까?"

"아니요, 섬은 바다의 일부분인걸요. 섬이 아닌 바다가 더 넓고 바다 동물들도 더 많이 살아요."

"우리가 안다고 생각하는 것들이 그 섬과 같단다. 내가 모른다는 사실을 아는 것은 섬과 섬 사이의 바다를 아는 것과 같지."

"아, 모른다는 것을 아는 것은 어쩌면 모든 바다를 다 아는 것과도 같겠네요?"

"음, 그런 생각에 잠깐 동안 마음이 기뻤단다. 아마 그때 빛이 났는지도 모르겠구나."

플라톤은 고개를 끄덕이면서 또 물었습니다.

"소크라테스, 또 궁금한 게 있어요."

"녀석, 지름길로 갔으면 어쩔 뻔했니? 이렇게 궁금한 게 많은 녀석이!"

"그러게 말예요. 그런데 피타고라스랑 헤어져서 올 때 소크라테스는 한참 동안 피타고라스의 삼각형을 돌아봤거든요. 그땐 무슨 생각을 했어요?"

"그것도 봤구나."

소크라테스는 플라톤의 머리를 쓰다듬어 주며 이야기했습니다.

"삼각형 속에 있다는 세상을 생각해 보았단다."

"그것만큼은 거짓말 같아요. 삼각형 속에 무슨 세상이 있겠어요. 뻥 뚫려서 텅 비어 있잖아요."

"플라톤, 예전에 프로타고라스 선생이 한 말에 대해 물어본 적 있지? 기억나니?"

"그럼요. 얼마나 그게 궁금했다고요. 내가 세상의 중심이라는 말이지요."

"플라톤, 그 말은 맞는 말이니, 틀린 말이니?"

"맞다고 생각해요. 내가 없으면 세상을 보지 못했을 테고 세상을 바라보는 눈도 내 눈이니 내가 세상의 기준인 것 같아요."

"플라톤, 네 말도 맞아. 그러나 이렇게도 한번 생각해 보자꾸나. 아고라에서 따뜻한 물과 찬물이 만나는 곳을 너도 알지?"

"그럼요."

아고라에는 따뜻한 바닷물과 찬 바닷물이 만나는 곳이 있습니다. 그래서 찬물을 좋아하는 물고기들도 살고 따뜻한 물을 좋아하는 물고기들도 살아간답니다. 어릴 적에 그곳에서 장난을 치며 놀았던 소라게 플라톤은 자신 있게 대답했습니다.

"플라톤, 그곳에서 놀았던 때를 잘 기억해 보렴. 찬물에서 놀 때 물이 차다고 느꼈니?"

"아니요. 오랫동안 찬물에서 놀다 보면 차가운 줄 몰라요."

"그럼 따뜻한 물에서 놀다가 찬물로 옮겨 오면 어떻지?"

"어휴, 엄청 차게 느껴지지요. 그런데 또 한참 지나면 괜찮아져요."

"차가운 물은 똑같은데 너의 느낌은 차가웠다가 괜찮았다가 하면서 변하는구나."

"어! 그러네요."

플라톤은 아무 생각 없이 찬물과 따뜻한 물을 오가며 놀

앉았었는데 이제 생각해 보니 소크라테스의 말과 같았습니다. 물은 그대로인데 자신의 느낌만 변했던 것입니다.

"플라톤, 너의 경험은 너의 눈으로 보고 귀로 듣고 마음으로 느낀 것에 의해서 형성된단다. 그리하여 여러 가지 경험을 하게 되고 또한 여러 가지 지식도 갖게 된단다."

"맞아요. 그러나 제가 경험하는 것은 진짜가 아닐 수도 있겠네요. 어딘가 아고라의 찬물보다 더 차가운 물이 있어서 그곳에 있다가 아고라의 찬물에 들어오면 따뜻하게 느낄 수도 있겠어요. 찬물은 그대로인데 저는 따뜻하게도 느끼고 아무렇지 않게도 느끼고 차게도 느끼고……."

"그렇단다. 경험은 소중한 것이지만 때로는 우리를 속일 수도 있단다."

"소크라테스, 그럼 어떻게 하죠? 제가 알고 있는 것들이 참된 것이 아닐 수도 있겠네요?"

"네 말이 맞아, 플라톤. 우리가 알고 있는 것에 의해서 우리 자신이 속지 않으려면 변하지 않는 참된 자신을 찾아야겠지. 마치 우시아처럼."

"소크라테스, 그렇다면 세상에도 변하지 않는 참된 모습이 있겠네요?"

"그래. 우리의 감각이 아닌 참된 영혼으로 본다면 변하지 않는 참된 세상의 모습을 볼 수도 있을 것 같구나."

"소크라테스, 그건 알 것 같은데 피타고라스의 삼각형과는 무슨 관계가 있나요?"

"플라톤, 너의 집게발로 삼각형을 만들어 보렴."

플라톤은 간단하게 오른쪽 집게발을 벌리고 왼쪽 집게발로 벌어진 곳을 막아서 삼각형을 만들었습니다.

"피타고라스의 것과 네가 만든 것은 모두 무엇이지?"

"삼각형이요."

"그런데 이상하구나. 피타고라스는 자신의 커다란 몸을 구부려서 만들었고 너는 작은 집게발로 만들었는데, 둘 다 이름이 같네."

"그러게요. 그것도 삼각형이고 이것도 삼각형이네요."

"플라톤, 삼각형의 재료는 변했지만 삼각형이라는 이름은 변하지 않았지?"

플라톤은 한참을 생각하다가 고개를 끄떡였습니다. 그리고 집게발로 딱 하고 소리를 냈습니다. 플라톤이 무언가를 알게 되었을 때 하는 버릇입니다.

"아! 알 것 같아요. 소크라테스가 찾는 것은 언제 어디서도 변하지 않는 세상의 참된 모습인데 피타고라스의 삼각형 속에서 그걸 보셨군요."

소크라테스는 플라톤의 머리를 쓰다듬으며 말했습니다.

"그렇단다."

이런저런 얘기를 나누다 보니 어느새 셋은 아고라에 도착해 있었습니다. 돌아가는 길이라서 오래 걸릴 줄 알고 조금 짜증이 났던 플라톤은 감탄했습니다.

"와! 금방 도착했네요. 이렇게 빨리 도착할 줄은 몰랐어요."

지름길을 택했던 다른 소라게들은 한참 뒤에야 아고라에 도착했습니다. 오는 도중에 고등어 태풍을 만나서 고생을 많이 했다고 했습니다. 길을 걸어온 시간은 그렇게 큰 차이가 나지 않았지만 플라톤은 즐거운 마음으로 많은 것을 배우느라 시간이 매우 짧게 느껴진 반면, 다른 소라게들은 빨리 가려는 마음에 서둘다 보니 시간이 너무 길게 느껴졌다고 했습니다. 플라톤은 다이몬의 생각에 따라 미역 숲길로 오기를 잘했다고 생각했습니다.

아고라에서 가장 지혜로운 자, 소크라테스

아고라는 예전보다 더 많이 변해 있었습니다. 저마다 자신들이 아는 것을 설명하여 다른 이를 설득하려 했습니다. 어느 누구도 자신이 모르는 게 있다고 말하지 않았습니다. 아고라는 말을 잘하는 자들의 생각대로 휩쓸리고 있었습니다.

많이 알기로 유명한 자들은 소피스트 선생이라고 불리고 있었습니다. 날치 선생 프로타고라스는 어느새 가장 유명한 소피스트 선생이 되어 있었습니다.

소크라테스는 많이 알고 있다고 자신하는 소피스트들을 만나 그들이 모르는 게 더욱 많음을 일깨워 주었습니다. 그리고 찬찬히 이야기를 나누면서 그들 마음 깊숙한 곳에 있

는 참된 자신을 찾아 주려 했습니다. 참된 자신을 모르는 채 이것저것 많이 알게 된다면 어린 물고기들과 어린 소라게들이 죽게 된 것보다 더 큰일이 생길 수도 있기 때문입니다.

아고라에서 가장 똑똑하다고 소문난 그 누구라도 소크라테스를 만나서 이야기하다 보면 자신이 모르는 것이 많다는 것을 알게 되었습니다. 소피스트들은 소크라테스를 슬금슬금 피했습니다. 아고라의 똑똑한 자들은 자신보다 더 지혜로운 자가 생기길 원치 않았습니다. 그래서 그들은 소크라테스를 없애려고 했습니다.

그러나 소크라테스는 미움을 받으면서도 그들을 만나서 이야기하는 일을 멈추지 않았습니다. 서로 생각이 많이 달라도 사랑하는 마음이 있다면 오히려 많이 다르다는 것이 더 좋은 일이 될 수 있음을 알았기 때문입니다. 소크라테스는 아고라에서도 언젠가는 넙치 에로스처럼 생각이 다른 친구들이 함께 몸을 맞대고 양쪽 세상을 다 볼 수 있는 날이 오기를 바랐습니다.

바다의 하늘이 몹시도 뿌옇게 흐린 어느 날이었습니다. 소크라테스는 젊은이들에게 나쁜 영향을 끼쳤다는 죄로 재판을 받았습니다. 그리고 소크라테스에게 사형이 선고되었습니다. 결국 가장 지혜로운 자는 세상에서 사라지게 되었습니다.

네 생각은 어때?

❶ 소크라테스는 아고라로 돌아왔지만 젊은이들을 타락시켰다는 이유로 사형을 당하게 되지요. 소크라테스는 부당한 죄목 앞에서도 왜 죽음을 피하지 않고 받아들였을까요? 소크라테스가 생각한 영혼과 죽음에 대해 생각해 보세요.   ▶풀이는 168쪽에

❷ 소크라테스는 "악법도 법이다."라는 말을 남기고 세상을 떠나요. 이러한 소크라테스의 행위에 대해 어떻게 생각하는지 여러분의 생각을 적어 보세요.   ▶풀이는 169쪽에

변하지 않는 진리

"다이몬, 왜 소크라테스는 도망가지 않았을까요? 많은 친구들이 그를 도와주려고 했잖아요."

플라톤은 울먹이며 다이몬에게 물었습니다.

"음, 소크라테스가 자신의 목숨보다 소중히 여긴 것은 참된 진리였단다."

"……."

"플라톤, 비록 소크라테스는 우리 곁을 떠났지만 그가 찾아낸 참된 진리는 우리 곁에 남아 있단다."

"다이몬, 그러면 소크라테스는 우리에게 소중한 선물을 남겨 준 셈이네요."

"그럼! 가장 지혜로운 자는 떠났지만 그가 남긴 참된 지혜는 우리들 마음속에 씨앗처럼 남았단다."

플라톤은 소크라테스가 머리를 쓰다듬어 줄 때의 포근함을 생각하니 자신도 모르게 눈물이 흘러내렸습니다. 소크라테스 대신 다이몬이 그런 플라톤의 마음을 이해하고 살며시 머리를 쓰다듬어 주었습니다.

"플라톤, 소크라테스는 그토록 보고 싶어 했던 변하지 않는 세상으로 여행을 떠난 거야."

플라톤은 집게발로 눈물을 닦고 하늘을 쳐다보았습니다. 큰 고래 탈레스가 날아간 하늘보다 높은 곳에서 못생긴 누군가가 꾸물꾸물 기어가는 것 같았습니다. 소크라테스의 못

네 생각은 어때?

프로타고라스는 "세상의 중심은 바로 나다."라고 주장하며 상대적 진리를 추구했어요. 반면 소크라테스는 보편적이고 절대적인 진리를 추구했지요. 이 두 가지 입장의 차이점을 적어 보세요.

▶ 풀이는 169쪽에

생긴 얼굴을 생각하니 울먹이던 플라톤의 얼굴에 어느새 웃음꽃이 피었습니다. 플라톤은 마음속으로 이야기했습니다.

"와 줘서 고마워요, 소크라테스. 당신의 선물도 고맙고요."

플라톤은 전에 소크라테스가 은어 우시아를 보내면서 눈물을 흘렸던 이유를 알 듯 모를 듯했습니다. 그러나 이제는 그 마음은 알 것 같았습니다. 플라톤은 애써 미소 지었지만 눈에서는 하염없이 눈물이 흐르고 있었습니다.

철학자의 생각

소크라테스가 생각한 죽음

죽음을 받아들인 소크라테스

사람에게 영혼은 있을까요? 그렇다면 영혼은 무엇일까요? 사람이 죽으면 영혼은 어떻게 될까요? 이런 문제에 대해서 살펴보는 것을 철학에서는 영혼론이라고 합니다. 그리고 이 영혼론에 대해서 가장 먼저 이야기한 사람은 소크라테스입니다. 소크라테스는 인간에게 영혼이 있으며, 영혼은 절대로 죽지 않는다고 생각했습니다.

소크라테스는 아테네 젊은이들의 생각을 자유롭게 해 주기 위해서 아고라에서 많은 노력을 했습니다. 하지만 이러한 소크라테스의 행동에 불만을 품은 사람들은 소크라테스를 모함하여 고소했습니다. 결국 소크라테스는 다이몬이라는 신을 믿는다는 것과 젊은이들을 타락시켰다는 죄목으로 사형 선고를 받았습니다. 소크라테스의 친구들과 제자들은 소크라테스를 구하기 위해서 노력했습니다. 그러나 소크라테스는 '악법도 법'이라고 하며 죽음을 택했습니다.

영혼이 영원히 존재한다고 믿다

소크라테스는 왜 죽음을 피하지 않고 받아들였을까요? 소크라테스는 죽음을 다음의 두 가지로 보았습니다.

첫 번째, 죽음은 꿈꾸지 않고 자는 것이다.

두 번째, 죽음은 사람의 영혼이 이 세상에서 다른 곳으로 옮겨 가는 것이다.

영혼이 옮겨 간다는 것은 영혼들이 살고 있는 세상이 따로 있다는 뜻이며, 그리고 영혼들이 가는 그 세상에는 먼저 죽은 사람들의 영혼도 있다고 소크라테스는 생각했습니다. 이렇게 영혼의 세계가 있다는 것은 사람의 영혼은 결코 죽거나 사라지는 것이 아니라 영원히 존재한다는 뜻이지요. 즉, 이것은 소크라테스의 영혼 불멸에 대한 생각입니다.

물론 우리는 이 영혼 불멸이라는 것을 믿을 수도 있고, 믿지 않을 수도 있습니다. 하지만 소크라테스는 사람의 영혼은 결코 변하지 않는다고 보았습니다. 그래서 소크라테스는 사람들에게 항상 예의 바른 행동을 하며, 올바른 생각을 하라고 했습니다. 그리고 죽음을 두려워하지 말라고 했습니다. 물론 소크라테스는 그렇게 살았습니다.

즐거운 독서 퀴즈

1 다음은 소크라테스가 사형을 당한 후 플라톤과 다이몬이 나눈 대화예요. (   ) 안에 들어갈 말은 무엇일까요?

> "다이몬, 왜 소크라테스는 도망가지 않았을까요? 많은 친구들이 그를 도와주려고 했잖아요."
> 플라톤은 울먹이며 다이몬에게 물었습니다.
> "음, 소크라테스가 자신의 목숨보다 소중히 여긴 것은 (   )였단다."
> "……."
> "플라톤, 비록 소크라테스는 우리 곁을 떠났지만 그가 찾아낸 (   )는 우리 곁에 남아 있단다."
> "다이몬, 그러면 소크라테스는 우리에게 소중한 선물을 남겨 준 셈이네요."
> "그럼! 가장 지혜로운 자는 떠났지만 그가 남긴 참된 지혜는 우리들 마음속에 씨앗처럼 남았단다."

❶ 거짓된 가설   ❷ 참된 가설
❸ 거짓된 진리   ❹ 참된 진리

정답

❹ 참된 진리

2 다음은 소크라테스의 죽음에 대한 생각을 정리한 문장이에요. (   ) 안에 들어갈 알맞은 단어를 써 보세요.

❶ 소크라테스는 인간에게 (   )이 있으며, (   )은 절대로 죽지 않는다고 생각했어요.

❷ 소크라테스가 사형 선고를 받자 그의 친구들과 제자들은 그를 구하기 위해서 노력했어요. 그러나 소크라테스는 (   )이라고 하며 죽음을 택했지요.

❸ 소크라테스는 (   )은 꿈꾸지 않고 자는 것이며, 사람의 영혼이 이 세상에서 다른 곳으로 옮겨 가는 것이라고 했어요.

❹ 소크라테스는 사람의 (   )은 결코 변하지 않는다고 보았어요. 그래서 사람들에게 항상 예의 바른 행동을 하며, 올바른 생각을 하라고 했죠.

정답
❶ 영혼 ❸ 죽음
❷ 아름다운 삶 ❹ 영혼

네 생각은 어때? 문제 풀이

 **71p**

　로고스는 우리가 살고 있는 곳과 살고 있지 않은 우주 전체가 변화하는 원리로, 사물의 본질을 말합니다. 즉, 사물의 본래 성질과 모양을 규정하는 것입니다. 철학자 헤라클레이토스는 만물은 하나의 로고스에 의해 지배되고, 이 로고스를 인식하는 것 안에 지혜가 있다고 했습니다. 원래 로고스는 그리스어로 '말한 것'이라는 의미를 가지며 사물의 설명, 이유, 근거를 말합니다. 또한 로고스는 사물을 파악하는 인간의 이성을 뜻합니다. 인간은 말을 함으로써 로고스를 가진 동물 즉, 이성적 동물이 되는 것입니다.

 **96p**

　지혜와 무지에 대해 묻는 플라톤에게 소크라테스는 지혜는 참되게 아는 것이며, 무지는 참되게 알지 못하는 것이라고 말합니다. 플라톤은 처음 소크라테스를 만났을 때는 이름 외에 아는 것이 없었지만, 점점 소크라테스를 알아 가며 더 잘 알기 위해 필요한 것이 무엇인지 생각하게 됩니다. 플라톤은 소크라테스와 이야기를 나눌 때면 마음이 행복했으며, 그를 만난다는 생각만으로도 기운이 펄펄 났던 것을 기억하고 답을 알아냅니다. 지혜와 무지의 중간은 바로 사랑입니다. 사랑하는 마음이 있다면 서로에 대해 더 잘 알게 될 것이기 때문입니다. 또한 실천하는 사랑만이 진정으로 사랑을 아는 것이라고 할 수 있습니다. 사랑이 없는데 사랑에 대해 안다고 할 수는 없기 때문입니다.

110p

　소크라테스는 플라톤에게 우리 몸은 무엇으로 만들어져 있는지 물었습니다. 우리 몸은 물로 만들어졌지만 물만 가지고 우리가 만들어질 수 있는 것은 아닙니다. 물에 무언가가 더 있어야 내가 만들어지는 것입니다. 우리는 태어나서부터 지금까지 존재하고 있으며 지금 이 순간에도 존재하는 것은 바로 나를 나이게 하는 것, 남과는 다른 나만의 것이며, 그것이 바로 참된 나입니다. 은어 우시아가 참된 나를 찾기 위해 힘들게 거꾸로 강을 거슬러 올라가면서 끝이 어딘지도 모를 여정을 마다하지 않듯이, 우리도 변하지 않는 참된 나를 찾기 위해서 부단히 노력해야 합니다.

127p

내가 알지 못하는 가운데 분명히 존재하는 것은 바로 '모르는 것'입니다. 그리고 내가 모르는 것을 아는 것이 곧, 모든 것을 아는 것입니다. 바로 진정으로 지혜로운 것은 자신이 모른다는 것을 아는 것이라고 할 수 있습니다. 소크라테스에게 안다는 것은 바로 덕입니다. 사랑을 아는 사람은 사랑을 실천하는 사람인 것처럼 말입니다. 이렇게 아는 것을 실천으로 옮기는 것을 지덕합일설이라고 합니다. 소크라테스는 악덕이나 죄의 원인을 무지 때문이라고 했습니다. 모르기 때문에 죄를 짓는다는 것입니다. 소크라테스는 안다는 것은 실천하는 것이기 때문에 알면서 실천하지 않는 것은 있을 수 없다고 생각했습니다. 즉, 소크라테스는 인간이 고의로 죄를 저지를 수 있다는 것을 부정했습니다. 덕은 행복과 연결됩니다. 소크라테스는 참된 행복이 무엇인지를 알아야 한다고 주장했습니다. 참된 행복이 무엇인지 모르는 상태에서 저지르는 무지한 행동이 인간을 불행하게 하고 죄의 나락으로 이끌기 때문입니다.

156p

❶ 소크라테스는 죽음을 사람의 영혼이 이 세상에서 다른 곳으로 옮겨 가는 것이라고 보았습니다. 죽은 사람들이 모여 있는 영혼의 세계에서는 영혼이 다시 죽지 않을 것이며, 영원히 살 것이라고 생각했습니다. 이것이 소크라테스가 영혼 불멸에 대해 갖고 있던 생각입니다. 소크라테스는 사람의 영혼이 결코 변하지 않는다고 보았습니다. 그래서 소크라테스는 항상 예의 바른 행동과 올바른 생각을 하고 죽음을 두려워하지 말라고 이야기했습니다. 소크라테스가 이렇게 말하고 행동한 이유는 사람의 영혼은 사라지지 않으며, 죽지 않는다는 것을 확신했기 때문입니다. 즉, 사람은 현재 세계에서만 사는 것이 아니라 죽고 난 다음에도 영혼은 살아 있기 때문에 깨끗한 상태로 죽어야 한다고 본 것입니다.

❷ "악법도 법이다."는 소크라테스의 준법정신과 원칙에 충실한 자세를 충분히 짐작할 수 있게 하는 말입니다. 그러나 악법이 존재할 때 거기에 복종할 것인지, 아니면 그것을 고치려고 노력할 것인지, 또는 그 법을 지키지 않을 것인지는 반드시 어느 하나가 절대적으로 옳다고 할 수 없습니다. 더구나 악법을 지키기 위해 귀중한 목숨을 버리는 것은 어리석은 행위입니다. 인간이 있고 법이 있는 것이지, 법이 있고 인간이 있는 것은 아닙니다. 또 악법을 지키는 것보다 더 중요한 일은 바로 악법을 고치고 개선하는 일입니다. 소크라테스는 준법 의지와 원칙에 대한 소신으로 탈옥을 거부했지만, 그의 행위는 악법에 대해 저항할 기회를 스스로 저버리고, 악법을 위해 자신의 존귀한 목숨을 바친 것입니다. 이러한 행위는 사회 구성원들과 후손들에게까지 악법의 지배를 받게 한 혐의가 있으므로 비판받아 마땅하다고 생각합니다.

158p

"인간은 만물의 척도이다."라는 프로타고라스의 말은 각자 사물에 대한 시각이 다르다는 것을 뜻합니다. 즉, 사람마다 경험이 다르고 그에 따른 시각도 다르기 때문에 사람마다 진리라고 믿는 것도 여러 가지라는 것입니다. 이것은 바로 인간의 경험과 감각을 중시한다는 뜻입니다. 여기에서 개인주의와 상대주의가 시작됩니다. 반면 소크라테스는 인간의 감각이나 경험이 아닌 인간의 이성을 중시합니다. 감각이나 경험으로 진리를 판단하는 것이 아니라, 인간의 이성을 통해 진리를 인식하는 것이 바로 절대주의, 보편주의입니다. 소크라테스는 보편적인 진리가 반드시 존재한다고 믿었고 그것을 사람들에게 일깨우는 일을 평생의 소명으로 삼았습니다.

소크라테스가 들려주는 지혜 이야기
내가 모른다는 것을 아는 참된 지혜

ⓒ 서정욱, 2006

초 판 1쇄 발행일 2006년 2월 14일
개정판 1쇄 발행일 2020년 5월 11일

지은이   서정욱
그림   이정화
펴낸이   정은영
편집   최성휘 김정택
마케팅   이재욱 최금순 오세미 김하은
제작   홍동근

펴낸곳   (주)자음과모음
출판등록   2001년 11월 28일 제2001-000259호
주소   04047 서울시 마포구 양화로6길 49
전화   편집부 (02)324-2347 경영지원부 (02)325-6047
팩스   편집부 (02)324-2348 경영지원부 (02)2648-1311
e-mail   jamoteen@jamobook.com

ISBN 978-89-544-4259-6 (73810)

잘못된 책은 구입처에서 교환해드립니다.
저자와의 협의하에 인지는 붙이지 않습니다.

이 책은 『소크라테스가 들려주는 지혜 이야기』(2006)의 개정증보판입니다.